BRUNSWICK TROOPS IN NORTH AMERICA
1776-1783

Index of All Soldiers Who Remained in North America

Claus Reuter

HERITAGE BOOKS
2007

HERITAGE BOOKS
AN IMPRINT OF HERITAGE BOOKS, INC.

Books, CDs, and more—Worldwide

For our listing of thousands of titles see our website
at
www.HeritageBooks.com

Published 2007 by
HERITAGE BOOKS, INC.
Publishing Division
65 East Main Street
Westminster, Maryland 21157-5026

Copyright © 1999 Claus Reuter

All rights reserved. No part of this book may be reproduced or transmitted in any form or by any means, electronic or mechanical, including photocopying, recording or by any information storage and retrieval system without written permission from the author, except for the inclusion of brief quotations in a review.

International Standard Book Number: 978-0-7884-1348-3

Dedication
To the disbanded
22.Panzergrenadierbataillon in Brunswick
and his members

Many thanks to our Honorary members for there support

His Royal Highness
Ernst August
Prince of Hanover
Duke of Brunswick and Lüneburg

To Mr. Kraft Riedesel Freiherr zu Eisenbach
Marschall von Hessen

Mr. Christoph von Barner

Many thanks also to the following companies:

Volkswagen AG, Wolfsburg
Volkswagen Canada Inc.
Kuehne & Nagel International Ltd.
MDSG-Materialdepot Service mbH

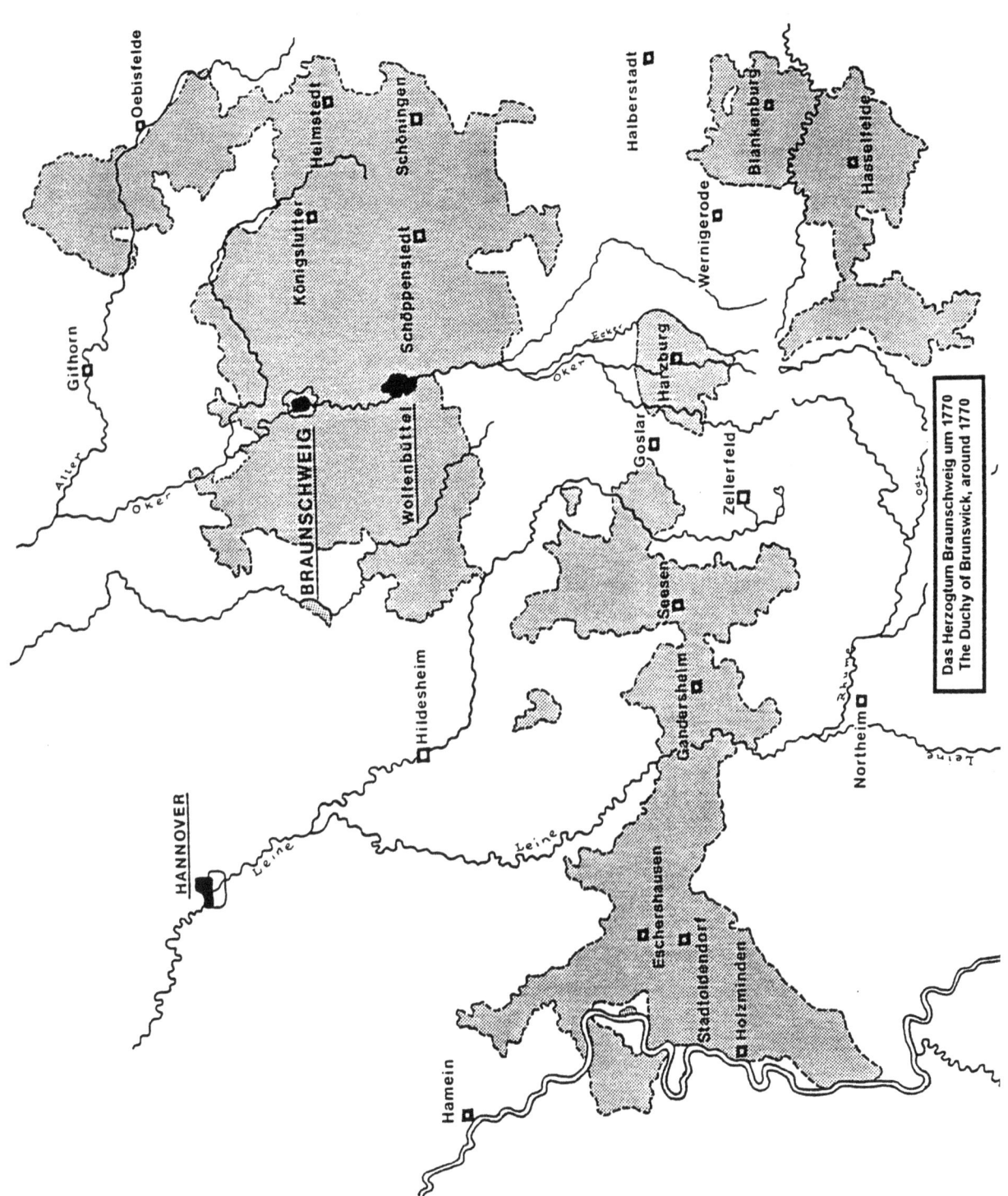

TABLE OF CONTENTS

Dedication	iii
Map of the Duchy of Brunswick, 1770	v
Short History of the Duchy of Brunswick	viii
Index	1

Short History of the Duchy of Brunswick.

The founder of the city of Brunswick, Henry the Lion, left his descendants large land holdings in Germany. Shortly after he died in 1195 the land was divided into smaller parts. In 1550, the northern part of the territory of Henry the Lion was divided into the following four territories:

>Brunswick-Wolfenbüttel,
>Brunswick-Kalenberg,
>Brunswick-Grubenhagen and
>Brunswick-Lüneburg.

Between 1584 and 1642 all the lines of the old house of Brunswick, except the Brunswick-Lüneburg one, died out. By that time the Brunswick-Lüneburg line was split into the following 3 lines:

>Brunswick-Lüneburg, with the capital city Celle,
>Brunswick-Kalenberg, with the capital city of Hanover and
>Brunswick-Wolfenbüttel, with the capital city of Wolfenbüttel.

Duke Friedrich Ulrich, the last Duke of the Brunswick-Wolfenbüttel line died in 1634. In the year 1635 the territory was re-arranged. Duke August the Older received the Principality of Lüneburg, with the capital city of Celle and the territory of Grubenhagen which included the cities of Herzberg and Osterode in the Harz Mountains. The founder of the Hanover line, Duke Georg, received the Principality of Kalenberg and Göttingen. In later years, the lines of Brunswick-Kalenberg and Brunswick-Lüneburg were united through marriage.

The territory of Brunswick-Wolfenbüttel went to Duke August the Younger from the Dannenburg line. He is considered the founder of the new house of Brunswick-Wolfenbüttel. The Duchy of Brunswick was now in the hands of the older line. The Brunswick-Lüneburg line was the younger line of the house of Brunswick, but, political it became the more important line. The Electors of Hanover and English Kings, George I. to George III., descended from the later line. Further divisions of the territories were forbidden by law.

The Duchy of Brunswick-Wolfenbüttel lies in the northern part of Germany. In the north and west it bordered onto the Electorate of Hanover, in the east onto the Kingdom of Prussia, and in the south onto the territory of the Land Grave of Hessen-Kassel. The population of the Duchy, in the 1770's, was approximately 200,000 inhabitants. Brunswick and Wolfenbüttel, the two largest cities were also the two main fortresses of the Duchy. Until 1754 the city of Wolfenbüttel was the residence of the Dukes of Brunswick. The power of the city of Wolfenbüttel was on the decline and from 1754 onwards the city of Brunswick became the new residence of Duke Carl I., who was the reigning Duke from 1735 to 1780.

After his death Duke Karl Wilhelm Ferdinand came to power. He died in 1806 as Commander of the Prussian army from wounds he received at the battle of Jena-Auerstedt.

The contract with Great Britain.

In 1730 the Duchy was politically aligned with the Kingdom of Prussia. In 1733 the then Hereditary Prince Carl married the sister of the future King Frederick the Great, who in turn married a Princess out of the House of Brunswick. The Princes of Brunswick-Wolfenbüttel have served since that time in the Prussian army. Four of the Princes gave their lives serving the Kingdom of Prussia. They are all entombed in the cathedral in Brunswick.

By 1775, the Duchy was in great financial difficulties. The main reasons for the difficulties were the Seven Years War and the French occupation which had drained the little country. At the end of the war in 1763, the Duchy had an army of 16,000 men. The army was too big for the size of the country. To save money the Duke reduced the size of the army. The savings were, however, still not enough to cope with the financial problems of the Duchy. Duke Carl did not want to impose new taxes on the population, because he wanted to just see first a recovery of the industrial sector. A new way had to be found to bring money into the treasury of the Duchy. Such an opportunity was created by the unrest in British North America.

The reigning Duke Carl I., was very reluctant to send his troops to North America. It took the Hereditary Prince Karl Wilhelm Ferdinand to convince the Duke to exploit this possibility to improve the financial situation of the Duchy and at the same time to help his relative King George III. of England fight against the rebellious colonies in North America. The money from this contract helped the taxpayers of the Duchy until 1918.

The Sold Soldiers - A Long Time Legend.

In the Eighteen's Century the renting out of troops was a normal occurrence. At the time, there was no national Army like today and the soldiers were paid by the Duke or King and fought where they were sent to. The best example was the French troops fighting on the side of the rebels in North America. Today, nobody claims that these troops were sold to fight in North America. They did the same as the troops sent over by the different German states.

The difference was, that the French troops were fighting on the side of the Americans, the side of the winner. The winner always writes history the way it suits him. The money paid under the contract did not go into the pocket of the reigning Duke, but was used in the budget of the Duchy.

Over the years, a lot of misinformation was published and today, the Mass Media spreads this misinformation even further in our homes. Changes in the political climate led to further distortions of the facts, especially by our great neighbor, the USA.

We are unable to ascertain exactly who spread the misinformation about the so called **SOLD** Soldier's or **MERCENARIES**. It could have been Thomas Jefferson, who directed the propaganda war against the British Crown. He used it as a propaganda tool to draw European nations onto the side of the Americans. Historians still help today to keep alive this false picture about the German troops in North America.

The so called Urias-letter was the worst tool of the American propaganda machine. This letter was always attributed to the Landgrave of Hessen-Kassel. In the letter the writer states that only 1700 Hessian soldiers died at the engagement at Trenton. The official records of the time show that instead of the 1700 dead soldiers mentioned in the Urias-letter, only 17 died. The letter was probably written by no other then Benjamin Franklin and not the Landgrave of Hessen-Kassel. Franklin was the master of American propaganda. The purpose of the letter was to find European allies to fight on the side of the Americans.

A clause in the signed contracts, between the British Crown and the different German States, stipulated that a specific fee be paid by England to the different governments for every soldier who died in combat in North America. The amount was identical to the fee paid to the soldier when he signed up for fighting in North America.

The story of the sold soldiers is now unfortunately a part of our history, but the truths looks slightly different. The troops from Brunswick and from Hessen-Kassel were all professional soldiers, who served voluntarily in the Army. Later into the war, as reinforcements were needed for North America, it occurs then, especially with the Army of Hessen-Kassel that soldiers were taken against their will to serve in North America. It cannot be denied, but the bulk of the soldiers serving in North America were volunteers. The muster rolls of the time period show this point clearly. Many of the soldiers had served already for a long time in the army of the Duke. Few of the Brunswick soldiers deserted.

The recruiting practice in the English army and specifically the navy showed a complete different picture. There, it was normal to press personnel against their will into the army or navy. The actions of the press gangs are well known and normal for the time period. A lot of the people pressed into service were unemployed or came from the criminal elements of the population. Life 200 years ago was much harder, then it is today. At the time, no state run social programs existed. A person had two options, he could starve or serve in the army. Here at least he felt secure and did not go through life hungry. Criminal elements recruited into the army made strict discipline procedures necessary. The tactics of the armies of the time, also necessitated a strict discipline. Taxpayers were not pressed into the army, because it was they, who paid for the army.

The English Crown signed a defence-treaty with Hessen-Kassel and Brunswick, which stipulated that if Hessen-Kassel or the Duchy of Brunswick were attacked, England itself would come to the aid of these countries. Help from England was to come in a military and financial form. The pact was to counterbalance the French expansion politics in Germany. The contract was approved by the Landstands of the Duchy. According to the signed contract the Duchy was to send a corps of 4,300 men to North America to fight against the rebels. The troops were to be paid by England. All equipment for the corps had to be bought in Brunswick. This was to help the industry in Brunswick create new jobs. All the recruits were to be supplied by the Duchy. The money from the contract was invested by the government of the Duchy and the interest helped to ease the tax burden of the taxpayer to 1918.

In peacetime, the Duke had to pay for the expenses of a standing army, in wartime the money came from the budget of the Duchy. The Brunswick army was a professional army, whose members served voluntarily. The soldiers had to swear an oath to the duke. This oath was not broken by most of the soldiers.

Duke Carl I. appointed Friedrich Adolf Riedesel as Commander, who served for 15 years in the Brunswick army. Friedrich Adolf Riedesel was a very experienced, but he was also well liked by his soldiers. He enjoyed the trust of the Duke and the

Hereditary Prince. According to the signed contract, every soldier who volunteered was to receive 30 Talers as a bonus. He was also to receive the same amount of pay as the British soldiers received. British soldiers were paid much more than the soldiers of the different German states.

The Duchy received an annual sum of 64,500 pound Sterling. At the end of the war the amount of money doubled and was paid to the Duchy for 2 more years. For every soldier killed in action, Britain had to pay again the 30 Taler bonus money and also had to pay the monthly pay for the Brunswick soldiers. For the length of the war the Duchy of Brunswick received a sum of 774,000 pound Sterling in cash. This amount of money was worth over 5 million Talers in German currency of the time, which went into the treasury of the Duchy. Similar contracts were signed with the other German states.

Too old?

Numerous sources have always claimed that many of the Troops from the Duchy of Brunswick were too old. Colonel Faucit mentions that when the troops embarked in the city of Stade that the Grenadier's of the Grenadier battalion were older then the troops of the other units. There is a simple explanation for this fact. The Grenadier companies of the different German states and principalities were generally formed from older, trustworthy and experienced soldiers, compared to the British army where the Grenadiers were the tallest soldiers of the unit. The Grenadier Battalion "Breymann" looked quite different than a similar unit in the British army. This was misinterpreted by most historians who claim that most of the soldiers were too old. This was not quite so. The Grenadiers together with the Jägers and the Light Infantry were considered the Elite of the Corps.

The listing gives us for the first time a fairly accurate picture of death and desertion in the army. It can now be proven that the desertion rate was fairly low. Most desertion occurred after the soldiers were taken prisoners and were in American prison camps. Camps, where the conditions were terrible. After they became prisoners the deserted soldiers considered their contract fulfilled.

One can say the same about the soldiers who deserted in Canada during the last days of the war. They were officially listed as deserters, but the Hereditary Prince and the Duke of Brunswick encouraged them to stay in Canada. They cannot be classified as deserters. Most of these soldiers had signed contracts which stated that they only will serve to the end of the war. This did not mean that they were to be dismissed from the army in Germany only. Officially only a small number settled in the USA.

Different reasons explain the high number of deaths, listed as 07 in the listing. The life expectancy of people in the 18. century was much lower. Diseases also played a large role, because the medical system was not as advanced. The very deplorable conditions in the American prison camps also contributed to the high death rate.

The (C) in the last field of the list shows the soldiers who were part of the so-called Convention Army. When General Burgoyne surrendered his army to the Americans he did so for one reason. The surrendered Army was to be marched to the East Coast and was then to be shipped to Europe. The soldiers were also forbidden to further serve against the Americans.

In March 1778 the American Congress broke the treaty signed between the British and American Commander. The allied soldiers went into Prison camp at Winter Hill and were soon marched to a camp near Charlottesville in Virginia. The food supply for the soldiers of the Convention Army was very meagre at best. The Americans tried to encourage the German soldiers to serve in the American Army. Not many soldiers took this route. To improve their life in prison camp, the Americans tried to convince the Brunswick soldiers to take service with the Americans as civilian helpers and tradesmen. For this privilege they had to pay a certain amount of money. After they paid they were allowed to work outside of the camp. The amount of money could be also paid by an American. Bense and also Lieutenant General Riedesel called this selling their life to the Americans. The troops resisted the American move and for this they were put into jail for three months. See the Bense diary.

The average age of the Brunswick soldiers who remained in North - America was as follows:
Grenadier Battalion "Breymann": 38 years old
Dragoon Regiment "Prinz Ludwig Ernst": 28 years old
Regiment "von Rhetz": 33 years old
Regiment "Specht": 33 years old
Regiment "Riedesel": 33 years old
Regiment "Prinz Friedrich": 34 years old
Light Battalion "von Barner": 31 years old
Different recruiting transports: 29 years old
Average age of all soldiers who remained in North-America: 32 years old.

The average age is probably slightly higher than that of the rest of the troops, because included here are also the older staff members and the soldiers who died of natural causes.

Listed are all the casualties which occurred in North-America. For the first time we get a good picture of what happened over 200 years ago. As the list shows the desertion rate was not as high as always reported. Most desertions happened from prison camps after the soldiers were taken prisoners. The same could be said about desertions in Canada. Most soldiers deserted in the last month of the war, after it was known that the war had ended. The soldiers were encouraged by their superiors to stay in Canada, because their contracts were completed and the superiors knew that no work could be expected in Germany since the size of the Brunswick army would be drastically reduced.

Total Numbers	2952
Born in the Duchy of Brunswick	1220
Stayed in Canada	733
Deserted	111
Sold themselves to the Americans	144
Prisoners of War	1024
Belonged to the Convention Army	529
Killed in Action	117
Died of wounds received	34
Drowned	47
Frozen to death	21

Index, The Brunswick Troops in North - America 1776 - 1783

Committed suicide	6
Died in accidents	14
Died of sickness and by natural causes	797
Dishonourable dismissal from the Army	10
Convicted by Military Court	3

Most of the soldiers came from the Duchy of Brunswick or from the surrounding areas. Only a few came from the southern part of Germany.

The number of deserted soldiers include only those who deserted from their units. Not included is the number of soldiers who left their unit in the last month of the war and the soldiers who escaped from prison camps. Those soldiers who sold themselves to the Americans were all prisoners of war.

The following lists contain the entries in column sequence:

1. Number
2. Family name
3. First name
4. Place of Birth, if in italic print only province or country is known. If name is highlighted the town or village was located in the Duchy of Brunswick.
5. Postal code of town or village. If no postal code is given, but the towns name appears it is possible that more than one town or village with the name are existing. If the person was born in a different country, the Initial for the country is given.
5. Year of birth (O/O = lack of statement of age)
7. Unit (Regiment or battalion, see list below)
8. Company in unit
9. categories of presentation (see list below). If highlighted the person settled in Canada.

In the column of units (Regiment or battalion):

- GRE = Grenadier Battalion "Breymann"
- DRA = Dragoon Regiment "Prinz Ludwig Ernst"
- BAR = Combined Battalion (Light Infantry Battalion) "von Barner"
- PFR = Musketeer Regiment "Prinz Friedrich"
- RIE = Musketeer Regiment "von Riedesel"
- vRH = Musketeer Regiment "von Rhetz"
- SPE = Musketeer Regiment "Specht"

In the column of the categories of presentation:

- 01 = appointed, especially in the units rolls
- 02 = recruited, induction as a recruit
- 03 = other induction (especially through transfer)
- 04 = promoted (including promotion simultaneous with transfer from other units)
- 05 = ransomed (from prisoner of war status) or returned to unit (after desertion)

Index, The Brunswick Troops in North - America 1776 - 1783

06 = battle death or died of wounds
07 = died of disease, by accident or other non-battle causes
07a = drowned
07b = frozen to death
08 = executed
09 = wounded (not generally given)
10 = missing
11 = prisoner of war
12 = deserted
12a = serving with the enemy Army
13 = transferred, Transferred into the Hessian service
14 = transferred to Europe
15 = dishonourable dismissal from the Army, discharged (for officers)
16 = released in America
17 = separated in Europe
18 = remained in Europe due to illness
19 = demoted
20 = on leave
21 = arrested after desertion
22 = arrested
23 = died on board ship
24 = promoted to a supernumerary position
25 = restationed to Europe
26 = released from prison by the Hessian troops
27 = suicide
28 = released from arrest
29 = marriage
30 = deserted to England
31 =
32 =
33 = unknown
34 = sold himself

Listing of military rank's and titles:
AU = Auditor
BM = Gun Smith
C = Captain
CA = Captain of Arms
FN = Ensign
FS = Surgeon
FP = Preacher
G.S. = General staff
HB = Oboe Player
HO = Horn Player
KA = Corporal
KK = Cashier Helper
KSR = Cashier Clerk

LT = Lieutenant
MS = Clerk, listings
OFK = Head Field Cashier
PF = Fife Player
PR = Profos
R = Registrar
RT = Drum Major
RMM = Master Wheel Maker
SCH = Writing Clerk
SG = Sergeant
SM = Black Smith
TB = Drummer
W = Non Commissioned officers rank,

Index, The Brunswick Troops in North - America 1776 - 1783

Cavalry

QM = Quarter Master

Listing of all the troops of the Brunswick contingent:

General Staff:
Major-General Friedrich Adolf von Riedesel
Quarter Master General: Captain Gerlach
1. Adjutant: Captain O' Connell
2. Adjutant: LT. Friedrich Christian Cleve
Head Field Cashier: Johann Conr. Gödecke
Registrar: Langemeyer
Clerk: Bessow
2. Clerk: ?
Cashier: Wolff

Trainmaster: ?
Master Black Smith: Schrader
2 Trades persons. Brand and Dörries
2 Gun Smith: Voges and Müller
1 (Gun)stockmaker.: Würmb
1 Wheel maker: Wöhlert
6 Privates
4 Servants

I. Division:
Regiment of Dragoons "Prinz Ludwig".

The unit was formed in Brunswick from the existing Brunswick Dragoon Regiment "Obrist Friedrich Adolf von Riedesel". According to the subsidien contract the unit was to receive horses upon arrival in Canada. Chief of the Regiment was Duke Ludwig Ernst von Braunschweig.

Staff:
Lieutenant-Colonel Friedrich Baum (died 16.08.1777 at Bennington)
Major: Johann Christoph von Meibom
Regimental Quarter-Master: Gericke
Adjutant: Lieutenant von Breva
Regimental Auditor: Thomas
Regimental Preacher: Melzheimer (Stayed in Canada after the War)
Regimental Surgeon: Vorbrodt
1 Guidon Smith: ?
Gun Smith: Bührig
Master Black Smith: Klockenthör and one Trades person
Profos: Conrad Meyne and one helper
Cashier: ?
Officer servants and servants.

1. Squadron:
Rittmeister Carl von Schlagenteufel III.,
Lieutenant August Bornemann
Cornet Johann Friedrich Schoenewald
Surgeon: ?

2. Squadron:
Rittmeister Christian Friedrich Reinking (died 16.08.1777 at Bennington)
Lieutenant Friedrich Wilhelm Dietrich von Bothmer
Cornet Johann Balthasar Stutzer
Company Surgeon Köhler

3. Squadron:
Major von Meibom

Stabsrittmeister Heinrich Christian Fricke
Lieutenant Otto Arnold von Sommerlatte (pensioned in 1783 because of blindness)
Cornet ?
Surgeon Schröder

4. Squadron:
Rittmeister Adolf von Schlagenteufel IV
Lieutenant Carl Friedrich von Reckrodt
Cornet later Lieutenant August Ludwig Gräff (stayed in North America after the War)
Surgeon: ?

Strength: 20 officers, 33 nco's, 8 drummers, 246 privates and 29 servants.

2. Grenadier Battalion "Breymann"

The battalion was formed in the Duchy of Brunswick from the Grenadier companies of the Infantry regiments. As in the Prussian army, the Grenadier companies, were in peace time attached to their respective units. In war time, the Grenadier companies were pulled out of their Infantry units and formed Grenadier units. The members of the Grenadier companies were generally the oldest and most trusted soldiers in the unit. In the British Army the grenadiers were formed from the tallest men in the unit. The unit had a much higher average age, because of this.

Lieutenant-Colonel Christoph Breymann came from the Musketeer Regiment "Prinz Friedrich".

Staff:
Lieutenant-Colonel Christoph Breymann (died at Freeman's Farm 07.10.1777), his successor was Lieutenant-Colonel von Mengen.
Adjutant Lieutenant Heinrich Wilhelm Uhlig
Regimental Quarter Master ?
Regimental Surgeon Friedrich Müller

1 Preacher
1 Auditor
1 Drum Major
1 Profos with helper

1 Cashier with helper
1 Gunsmith with helper
1 Trainmaster
Officers servants and nobility servants

1. Lieutenant-Colonels company:
Staff-Captain August Wilhelm von Hambach
First Lieutenant Otto Ferdinand Rudolphi
Second Lieutenant Ludwig von Mutzel
Third Lieutenant Carl Winterschmidt
Company Surgeon Johann Henkell (died in 1778

2. Captain Albrecht Daniel von Löhneisen's Company:
First Lieutenant Christian Wilhelm von Trott
Second Lieutenant Carl Franz d'Anniers II (died in North America)
Third Lieutenant ?
Surgeon Müller

3. Captain Ernst August von Bärtling's Company
First Lieutenant Wilhelm Helmcke

Second Lieutenant Gebhard Theodor von Walmoden
Third Lieutenant Johann Andreas Meyer
Surgeon Philipp Daniel Stein

4. Captain Gottlieb Dietrich von Schieck's Company (died near Bennington 16.08.1777):
First Lieutenant Theodor Friedrich Gebhard
Second Lieutenant Johann von Meyern
Third Lieutenant Johann Caspar Balcke (died in 1777)
Surgeon ?

Strength: 19 officers, 45 nco's, 20 drummers, 452 privates and 28 servants.

Musketeer Regiment "Prinz Friedrich"

The Regiment was formed in the Duchy of Brunswick from the First Battalion of the Regiment "Prinz Friedrich. Chief of the Regiment was Lieutenant-General Prinz Friedrich August von Braunschweig. The Regiment was made up of 5 companies. The sixth company (the Grenadier company) formed part of the Grenadier Battalion "Breymann".

Staff:
Lieutenant-Colonel Christian Julius Praetorius
Major Friedrich Wilhelm von Hille
Staff-Captain Friedrich Albrecht Rosenberg
Staff-Captain Ernst von Zielberg
Adjutant Lieutenant August Wilhelm du Roi I.
Regimental Quarter Master Eickmann

Preacher Függerer, left 1778
Preacher Friedrich Wilhelm Schrader
Auditor Paul Gottfried Wolpers
Rgt. Surgeon Johann August Behrens
1 Clerk

1 Drum Major
4 Oboe Players
1 Profos with helper
8 Officers servants and 2 nobility servants

1. Leibcompany:
Staff-Captain Friedrich Albrecht Rosenberg
First Lieutenant Friedrich von der Knesebeck
Second Lieutenant Gottlieb Christian von Reitzenstein (stayed in Canada after the War)
Ensign Carl Wilhelm Reinerding
Surgeon ?

2. Lieutenant-Colonels Company:
Staff-Captain von Zielberg
First Lieutenant Friedrich Wilhelm Volkmar
Second Lieutenant Johann Friedrich Burghoff
Ensign Johann Christian Sternberg
Surgeon ?

3. Majors Company:
Captain Christian Sander
First Lieutenant Johann Friedrich Harz
Second Lieutenant Göde
Ensign Friedrich Kotte (stayed in Canada after the war)

Surgeon ?
4. Captain Adolf Lorenz Diedrichs Company:
First Lieutenant Johann Gottfried Wolgast I.,
Ensign von Hille
Ensign Siegfried Heinrich Langerjahn (stayed in North America)
Surgeon ?

5. Captain Carl August von Tunderfeld's Company:
First Lieutenant Ernst Christian Schröder
Second Lieutenant E. B. von König (stayed in North America)
Ensign Christian Friedrich von Adelsheim
Ensign Heinrich Märker
Surgeon Christian Diller

Strength: 27 officers, 62 nco's 15 drummers, 535 privates and 41 servants.

4. Musketeer Regiment von Riedesel:
The Regiment was formed in the Duchy of Brunswick from the 2nd. Battalion of the "Prinz Friedrich" Regiment. All other information's are the same as the previous unit.

Staff:
Lieutenant-Colonel Ernst Ludwig Wilhelm von Speth
Major Otto Carl Anton von Mengen (in 1777 transferred to the Grenadier Batl.)
Staff-Captain Christian Friedrich von Bärtling II.,
Staff-Captain Gottlieb Harbrodt
Regimental Quarter Master Lieutenant Heinrich Bornemann
Adjutant Lieutenant Carl Morgenstern

Preacher August Mylius
Auditor Christian Friedrich Zink
Rgt. Surgeon Julius Pralle

Drum Major Ludwig Mulhoopi
Profos Heinrich Benecke and helper
4 Oboe Players, A. Asmus, G. Eisholz, A. Franke and W. Gleim

Clerk Bienop, later Heinrich Koch
8 officers and 2 nobility servants

1. Leibcompany:
Staff-Captain Christian Friedrich von Bärtling (died in 1783 at the march back to Germany)
First Lieutenant Christian Friedrich Reincking
Second Lieutenant Heinrich Ernst Brandes
Ensign Ludwig Unverzagt (died in 1776)
Surgeon Gottlieb Christian Henckell

2. Lieutenant-Colonels Company:
Staff-Captain Gottlieb Harbrodt
First Lieutenant Ludwig Traugott Burgdorff
Second Lieutenant Friedrich Ludwig von Meyern (died in 1781 in North-America)
Ensign Carl Christian von Meybom
Surgeon Philipp Oettinger

3. Majors Company:
Staff-Captain Ernst Heinrich von Girsewald
First Lieutenant Wilhelm Hoyer (died in 1781 in North-America)
Second Lieutenant Christian Theodor von Pincier

Ensign Carl Conrad Andree
Surgeon Brinkmann

4. Captain Carl Friedrich Morgenstern's Company:
First Lieutenant Heinrich Julius Freyenhagen (died in 1777 in North-America)
Second Lieutenant Heinrich Wilhelm Gottlieb von Cramm
Ensign Raimund Gottlieb Häberlein
Surgeon ?

5. Captain Julius Ludewig August von Pöllnitz Company:
First Lieutenant August Theodor Gottfried Wollgast II.,
Ensign Friedrich Ludewig Denecke
Ensign Heinrich Friedrich von Foerstner
Surgeon ?

Strength: 27 officers, 62 nco's, 15 drummers, 535 privates and 41 servants.

II. Division:

Musketeer Regiment "von Rhetz":
The Regiment was formed from the 1st. Battalion "von Rhetz" which was called up to 1773 Regiment von "Koppelow". All other information are the same as before.

Staff:
Lieutenant-Colonel Johann Gustav von Ehrenkrook (died in 1783 in Trois Riviere)
Major Balthasar Bogislaus von Luck
Staff-Captain Heinrich Urban Cleve
Staff-Captain Wilhelm Ludwig Fredersdorff (died 07.10.1777 by Freeman's Farm)

Regimental Quarter Master Ernst Harbrod	Clerk Meinecke
Adjutant A. W. Fleischer	Drum-Major Vollrath
Auditor Schmidt	4 Oboe Players, Müller I and II, Bock and Rüffig
Rgt. Preacher Tögel	1 Profos with helper
Rgt. Surgeon Johann Friedrich Schrader	8 officers and 2 nobility servants

1. Leibcompany:
Captain Georg Philipp Arend
First Lieutenant Thedel Wilhelm Bielstein (stayed in North-America)
Second Lieutenant Christian Heinrich Modrach
Ensign Friedrich Bandell
Surgeon Pletzer

2. Lieutenant-Colonels Company:
Staff-Captain Urban Cleve
First Lieutenant Kurt von Hessler
Second Lieutenant Johann Ludwig von Unger I.,
Ensign Bernhard Ehrich
Surgeon Ziegler

3. Majors Company:
Staff-Captain Wilhelm Ludwig Fredersdorff
First Lieutenant Georg Rodemeyer
Second Lieutenant Philipp Heinrich von Dobeneck
Ensign Johann Heinrich Gödecke

Index, The Brunswick Troops in North - America 1776 - 1783

Surgeon ?

4. Captain Conrad Anton Alers Company:
First Lieutenant Friedrich Julius von Papet II,
Second Lieutenant Friedrich Wilhelm Michael Feichel
Ensign Johann Friedrich Bode (died in Germany 1783 on the march back)
Surgeon Oelze

5. Captain Ludwig von Schlagenteufel's I Company:
First Lieutenant Friedrich Leopold Meyer
Second Lieutenant Conrad Friedrich Conrady
Third Lieutenant Conrad Christian Petersen
Surgeon ?

Strength: 27 officers, 62 nco's, 15 drummers, 535 privates and 41 servants.

6. Musketeer Regiment Specht:
The Regiment was formed from the 2nd. Battalion "von Rhetz" (Koppelow) All information as with the previous regiment.

Staff:

Colonel Johann Friedrich Specht
Major Carl Friedrich von Ehrenkrook
Staff-Captain Heinrich Jaeger (died in 1782)
Staff-Captain Georg von Schlagenteufel III.,
Regimental Quarter Master Heinrich Gerhard
Regimental Quarter Master Heinrich Clerk Dehn
Gerhard

Adjutant Johann Daniel Riedler   Drum major Lehmann
Auditor Kohle   4 Oboe players
Preacher Münchhoff   Profos Kleicker and helper
Rgt. Surgeon Johann Carl Bausei   8 officers and 2 nobility servants

1. Leibcompany Colonel Specht:
Staff-Captain Heinrich Jaeger (died in 1782 in North-America)
First Lieutenant Daniel Arnold Hertel
Second Lieutenant Friedrich Bodo von Unger II.,
Ensign Johann Heinrich Carl von Bernewitz
Surgeon Hoelder

2. Majors Company:
Staff-Captain Gottlieb von Schlagenteufel II.,
First Lieutenant Christian Friedrich von Milkau
Second Lieutenant Anton Adolf du Roi II.,
Ensign Samuel Jacob Anton von Ulmenstein
Surgeon Schiller

3. Captain Bernhard Richard von Dahlstierna's Company (died in Albany 1778):
First Lieutenant Heinrich Anton Dove (died in 1780 in North-America)
Second Lieutenant Heinrich Daniel d'Anniers (stayed in North-America)
Ensign Grimpe
Surgeon Oehns

4. Captain August Conrad von Lützow's Company:
First Lieutenant August Wilhelm von Papet I.,

Second Lieutenant Friedrich Ernst Oldekopp
Ensign Friedrich von Redecken (died in 1777 in North-America)
Surgeon Hengst

5. Captain Leopold Franz von Plessen's Company:
First Lieutenant Johann Heinrich Meyer
Second Lieutenant Johann Friedrich Julius Kettner
Ensign Johann Edmund Fromme
Surgeon Richter

Strength: 27 officers, 62 nco's, 15 drummers, 535 privates and 41 servants.

7. Combiniertes and Jägerbattalion "von Barner":
The battalion was formed in Wolfenbüttel in the Duchy of Brunswick. It was not formed in North-America as some historians claim and It was not formed by combining the light Infantry Companies of the different Brunswick units. The Brunswick infantry unit had no Light companies. The battalion was made up of 5 companies. The second company, or Jäger company, wore green uniforms and were equipped with rifles. The four other companies wore blue uniforms and were equipped with muskets. The unit was the elite unit of the Brunswick contingent. The officers and nco's came from all the different Brunswick units: All members were recruited. The battalion was the only newly formed unit of the contingent.

Staff:
Lieutenant-Colonel Ferdinand Albrecht von Barner
Staff-Captain Gottlieb Joachim von Gleissenberg
Staff-Captain Johann Gottfried Kotte (died in 1777)
Adjutant Lieutenant Wilhelm von Geiso

Rgt. Quarter Master Wilhelm Prignitz	Drum Major
Auditor none	Cashier Geißler
Preacher none	Profos Preuß and helper
Rgt. Surgeon Johann Kunze	6 officers and 2 nobility servants

1. Leibcompany:
Staff-Captain Gottlieb Joachim von Gleissenberg
First Lieutenant Johann Christian Hannemann
Second Lieutenant August Gottfried Wolgast, later
Second Lieutenant Friedrich Rohr
Ensign Sternberg?
Surgeon Blümcke

2. Jägercompany Captain Maximillian Christian Schottelius
First Lieutenant Philipp Kruse
Second Lieutenant Johann Andreas Bode (died 07.10.1777 by Freeman's Farm)
Ensign Friedrich Hagemann (died 16.08.1777 by Bennington)
Surgeon Wilhelm Lehmann

3. Captain Ludwig Thomae's Company:
First Lieutenant Gottlieb von Gladen
Second Lieutenant Andreas Meyer
Ensign Julius Specht (stayed in North-America)
Surgeon Brandes

4. Captain August Friedrich Dommes Company:

First Lieutenant Christoph Adolf Ludwig Mühlenfeldt (died 6.08.1777 n[ear] Bennington)
Second Lieutenant Albrecht Christian Raabe
Ensign, later Second Lieutenant, Lucas Rhenius (died 13.09.1783 on the ma[rch] back)
Surgeon Moritz

5. Captain Carl von Geusau's Company:
First Lieutenant Gottlieb Kotte (died in 1777)
Second Lieutenant Friedrich Fricke
Ensign Johann von Bergert (died in 1777)
Ensign Graf von Rantzau (died in 1777)
Surgeon Bendix Turnau

Strength: 24 officers, 56 nco's, 14 drummers, 528 privates and 36 servants.

Strength of the Corps: 176 officers, 389 nco's, 102 drummers, 3372 privates and 261 servants.

Index, The Brunswick Troops in North - America 1776 - 1783

#	Surname	Given name	Birthplace	ID	Birth year	Unit	Company	Location	Date
1	Abel	Heinrich	Söllingen	77836	1750	GRE	Capt. v. Schieck	06, Castleton	16.07.1777
2	Abraham	Christian	Schorborn	34633	1760	GRE	Capt. v. Löhneisen	06, Freemans Farm	07.10.1777
3	Abraham	Daniel	Schorborn	34633	1749	BAR	Jägercompany	**16, Canada**	30.07.1783
4	Abt	Heinrich	**Braunschweig**	38100	1728	GRE	Capt. v. Bärtling	11, 33	
5	Achilles	Heinrich Julius	Dettum	38173	1760	DRA	Generalmaj.v. Riedesel	07, Quebec	21.07.1776
6	Achilles	Ludwig	Amsen		1749	DRA	Obristl. Baum	11, 33	
7	Achilles	Johann Julius	**Braunschweig**	38100	1760	GRE	Capt. v. Löhneisen	(C), 11, 12, Potomac	29.12.1778
8	Achilles	Daniel	**Braunschweig**	38100	1753	PFR	Obristlt. Pratorius	23, Portsmouth GB	31.03.1776
9	Achilles	Heinrich	Gebhardshagen	38229	1753	5.Rec		**16, Canada**	23.06.1783
10	Ackenhausen	Heinrich	Orxhausen	37547	1762	DRA	Major v. Meibohm	07, Quebec	17.09.1776
11	Ackermann	August Andreas	Dankelsheim	37591	1723	vRH	Major v. Lucke	(C), 11, 12 Neu-Hanover	24.12.1778
12	Ackermann	Johann	Straßburg	F	1746	RIE	Leibcompany	06, Bennington	16.08.1777
13	Ackermann	Carl Johann	Frankfurt a. M.	60311	1761	2.Rec		**16, Canada**	01.08.1783
14	Adam	Valentin	Röntershausen		1760	GRE	Capt. v. Schieck	06, Saratoga	18.10.1777
15	Adel	Hans	*Bayern*		1757	1.Rec		**16, Canada**	23.07.1783
16	v.Adelsheim(FN)		Bodendorf		1759	PFR	Capt. v. Tunderfeld	12, Canada	00.11.1776
17	Adenstedt	Georg	**Braunschweig**	38100	1753	BAR	Capt. Dommes	**16, Canada**	31.07.1783
18	Adner	Gottlieb	Stollberg	09366	1743	RIE	Leibcompany	*12a*	
19	Adolph	Christoph	Nordhausen	99734	1750	2.Rec		**16, Canada**	20.06.1783
20	Ahl	Johann	Nürnberg	90402	1761	2.Rec		**16, Canada**	10.07.1783
21	Ahlers	Christoph	**Süpplingenburg**	38376	1760	SPE	Capt. v. Dahlstierna	07, Quebec	21.07.1777
22	Ahlschweig	Heinrich	**Braunschweig**	38100	1740	GRE	Obristlt. von Mengen	06, Bennington	16.08.1777
23	Ahnstedt	Heinrich	Fallersleben	38442	1750	vRH	Capt. v.Schlagenteufel	*12a*	
24	Ahrend	Johann	Pakendorf	39264	1739	vRH	Obristl. v. Ehrenkrook	11, 33	
25	Ahrend	Johann	Erfurt	99084	1759	BAR	Jägercompany	07, Montreal	04.12.1776
26	Ahrend	Johann	Schneideburg		1764	6.Rec	Vacant company	(C), 11, 12	03.03.1783
27	Ahrens	Heinrich	**Schöningen**	38364	1753	RIE	Capt. v. Dahlstierna	06, Freemans Farm	07.10.1777
28	Ahrens	August	**Bahrum**	38259	1740	SPE	Capt. Dommes	11, 33	
29	Ahrens	Johann Gottlieb	**Blankenburg**	38889	1727	BAR	Capt. Dommes	06, Quebec	11.11.1776
30	Ahrens	Johann	**Braunschweig**	38100	1747	BAR	Capt. v. Dahlstierna	**16, Canada**	31.07.1783
31	Alberstedt	Gottlieb	Bindern		1762	SPE	Capt. v. Dahlstierna	(C), 11,12, Tyringham	26.10.1777

Index, The Brunswick Troops in North-America 1776-1783

#	Surname	First name	Place			Unit	Rank/Company	Location	Date
32	Alberti	Rudolph	Seesen	38723	1757	DRA	Oberistlt. Baum	11	20.10.1781
33	Albrecht	Wilhelm	**Kirchbrak**	37619	1751	PFR	Capt. v. Tunderfeld	**16, Canada**	29.07.1783
34	Albrecht	Johann Heinrich	**Wolfenbüttel**	38304	1757	BAR	Jägercompany	**16, Canada**	24.07.1783
35	Albrecht	Heinrich	**Salzdahlum**	38302	1752	BAR	Leibcompany	**16, Canada**	24.07.1783
36	**Albrecht (TB)**	Anton	Allenburg		1760	BAR	Capt. Thomae	11, 33	18.09.1776
37	Alexander	Friedrich	Siebertshausen	34621	1764	RIE	Obrist v. Speth	07, Montreal	26.05.1783
38	Alle	Francois	Champagne	F	1757	4.Rec		**12, Canada**	03.09.1777
39	Allenstein	Levin	**Harzburg**	38667	1751	RIE	Capt. v. Pöllnitz	06, Montreal	28.12.1778
40	Allenstein	Gottlieb	Opperode		1750	SPE	Capt. v. Plessen	11, 33	19.03.1778
41	Allewelt	Bernt	**Zorge**	37449	1753	RIE	Obrist v. Speth	11, 12, Frederick	18.10.1776
42	Alms	Andreas	**Schöningen**	38364	1760	BAR	Capt. Thomae	(C), 11, 12, Winter Hill	00.12.1778
43	Almstedt	Friedrich	Gremsen		1762	DRA	Maj. v. Meibom	07, Quebec	21.01.1777
44	Alpers	Anton Friedrich	Hamersleben	39393	1762	RIE	Obrist v. Speth	(C), 11, 12, Fishkill	27.09.1778
45	Alpers	Heinrich	**Schlewecke**	38667	1765	BAR	Leibcompany	07, St.Francois, Queb.	17.07.1782
46	**Alte (PR)**	Ernst	**Braunschweig**	38100	1725	GRE	Stab, Profos	(C), 11, 07, Cambridge	18.10.1781
47	Amberg	Georg	Ewelde, Coburg		1762	2.Rec		**12, (16) Canada**	29.07.1783
48	Andrae	Michael	Staßau		1740	DRA	Generalmaj.v. Riedesel	11, 12	29.07.1783
49	Andrae	Christoph	Pirna	01796	1739	RIE	Obrist v. Speth	34	23.08.1777
50	Angrnant	Carl	Neiße		1757	3.Rec		**16, Canada**	06.03.1777
51	Angerer	Andreas	Barnhardswiese		1759	3.Rec		**16, Canada**	29.03.1778
52	**v. Annieres (FN)**		Berlin	10178	1757	GRE	Capt. v. Schieck	09, 06.	07.07.1781
53	Apell	Christian	**Rottorf**	38154	1757	DRA	Leibcompany	07, Montreal	18.07.1783
54	Apitz	Friedrich	Berlin	10178	1757	BAR	Jägercompany	11, 12, Winter Hill	02.04.1781
55	Appenhausen	Chistoph Julius	Luhtenberg		1759	SPE	Major v. Ehrenkrook	11, 33	09.10.1776
56	**Asmus (HB)**					RIE	Stab, (Staff)	(C) 11, 07a	02.08.1777
57	Assmer	Bernhart	**Timmerlah**	38120	1748	SPE	Capt. v. Plessen	**12, (16) Canada**	30.07.1783
58	Aue	Wilhelm	Schaumburg	31737	1759	4.Rec		12	00.00.1783
59	Auerhahn	Hartwig	Hanau	63450	1765	RIE	Capt. v. Pöllnitz	07, Montreal	
60	Aukam	Johann	Burgsdorf	06295	1749	BAR	Capt. Dommes	07, Fort Edwards	
61	Aul	Heinrich	Sonneborn	32683	1755	4.Rec		**16, Canada**	
62	Baacke	Heinrich	**Braunschweig**	38100	1730	vRH	Leibcompany	34	

Index, The Brunswick Troops in North - America 1776 - 1783

#	Surname	Given name	Place	F	Year	Unit	Company	Loc	Date
63	Babtist	Jean	Lauterbach			3.Rec	Leibcompany	15	18.06.1779
64	Bachmann	Lorentz		38154	1747	RIE		11, 33	
65	Bachmann	Franz	Königslutter	38364	1757	RIE	Capt. Morgenstern	(C) 11, 12	27.12.1778
66	Bähr	Paul	Schöningen	38678	1748	PFR	Obristlt. Pratorius	07, Trois Rivieres	16.06.1777
67	Bähr	Michael	Zellerfeld	38700	1736	RIE	Obrist v. Speth	34	
68	Bähr	Christian	**Braunlage**	38700	1741	SPE	Capt. v. Lützow	11, 33	06.06.1779
69	Bähr	Johann Christian	**Braunlage**	38700	1757	BAR	Leibcompany	(C) 11, 12, Virginia	22.06.1778
70	Bähr	Johann	**Braunlage**	38700	1758	BAR	Leibcompany	07, Canada	06.07.1781
71	Bähr	Christian	Buchenrode		1761	4.Rec		07a, East River	04.07.1783
72	Bähr	Casper	Nordheim		1756	4.Rec		**16, Canada**	
73	Bährcke	Friedrich	Süpplingen	38373	1758	SPE	Major v. Ehrenkrook	(C) 11, 12	10.12.1778
74	Bärtling	Anton	Neukirchen	99819	1727	GRE	Obistlt. v. Mengen	07, Montreal	24.07.1780
75	Bäse	Johann Heinrich	Gifhorn	38518	1757	vRH	Major v. Lucke	(C) 11, 12	02.10.1778
76	Bäse	Christian	**Barnum**		1751	vRH	Capt. Alers	07, Trois Rivieres	17.07.1777
77	Bäse	Bernhart	Schandelah	38162	1752	RIE	Capt. Morgenstern	(C) 11, 12 Winchester	06.04.1781
78	Bäthge	Christian	Hessendamm	38835	1754	DRA	Leibcompany	07, Montreal	
79	**Balcke (LT)**	Johann Casper	Schöningen	38364	1735	GRE	Capt. v. Löhneisen	07, Quebec	20.08.1779
80	Balcke	Christian	Linden	38300	1766	RIE	Obrist v. Speth	07, Montreal	08.09.1776
81	Baldau	Bernhart	Oldenburg		1752	2.Rec		**12, (16), Canada**	03.07.1783
82	Banck	August	**Braunschweig**	38100	1757	GRE	Capt. v. Schieck	11, 10, Portsmouth	
83	**Bandel (FN)**		Schwedt	16303	1753	vRH	Leibcompany	(C) 11, 12, Winchester	03.02.1781
84	Bangemann	Johann	Emmerstedt	38350	1755	GRE	Obristlt. Breymann	(C) 11, Winchester	
85	Bardhauer	Daniel	Gremsheim	37581	1750	RIE	Vacant company	34	
86	Barner	Zacharias	Wolfershausen	34587	1753	GRE	Capt. v. Löhneisen	11, 33	
87	Barnickel	Jacob	Eschefeld	04654	1761	2.Rec		**16, Canada**	29.07.1783
88	Bartel	Franz	St.Worbis		1764	3.Rec		07. Canada	13.12.1779
89	Bartels	Georg	**Braunschweig**	38100	1729	GRE	Capt. v. Bärtling	(C), 11, 07, Cambridge	13.08.1778
90	Bartels	Georg	**Braunschweig**	38100	1759	vRH	Obristlt. v. Ehrenkrook	(C), 11, 12, Salisbury	18.12.1778
91	Bartels	Albert	**Wolfenbüttel**	38304	1742	vRH	Capt. v. Schlagenteuffel	07, St.Croix	08.01.1777
92	Bartels	Henning	**Wenden**	38110	1751	SPE	Capt. v. Dahlstierna	11, 33	
93	*Bartels (PF)*	Heinrich	**Braunschweig**	38100	1742	BAR	Capt. Thomae	12a	

#	Surname	Given name	Birthplace	ID	Birth year	Unit	Company	Location	Date
94	Bartels	Christian	**Wittmar**	38329	1758	vRH	Capt. Alers	(C), 11, 12, Potomac	30.12.1778
95	Bartholoma	Johann	Eisenach	99817	1754	5.Rec		**16, Canada**	23.06.1783
96	**Bartholoma.(KA)**	Georg	Hirschfeld		1750	2.Rec		**16, Canada**	26.07.1783
97	**Bartholomai (TB)**	Johann	near Paderborn		1766	6.Rec		**16, Penobscott**	19.05.1783
98	Bartram	Andreas	**Wickensen**	37632	1737	PFR	Obristlt. Praetorius	**16, Canada**	29.07.1783
99	Bartram	Julius	Opperhausen	37547	1752	vRH	Leibcompany	34	
100	Bartram	Heinrich	**Dassel**	37586	1731	RIE	Leibcompany	12a	
101	Bartram	Heinrich	Bodenfeld		1748	3.Rec		**16, Canada**	29.07.1783
102	Bauer	Conrad	Braunsburg		1762	1.Rec		**12, Canada**	02.06.1783
103	Bauer	Christian	Gothenburg		1755	BAR	Jägercompany	**16, Canada**	01.08.1783
104	Bauer	Wilhelm	**Blankenburg**	38889	1755	BAR	Capt. Thomae	(C), 11, 12, Winter Hill	25.05.1778
105	Bauer	Friedrich	Buschenbach		1758	BAR	Capt. v. Geusau	11, 33	
106	Bauer	Adam	Philippsburg	76661	1755	2.Rec		**16, Canada**	25.06.1783
107	Bauermeister	Johann	**Dahlum**	38170	1758	vRH	Capt. Alers	(C), 11, 12, Potomac	30.12.1778
108	Bauermeister	Heinrich	Rhüme		1753	RIE	Vacant company	34	
109	Bauerschäfter	Jacob	Ingolstadt	85049	1750	2.Rec	Capt. Thomae	**16, Canada**	29.07.1783
110	Bauernfeind	Friedrich	Krummenrode		1735	BAR	Obristlt. Baum	23, St.Lawrence River	16.09.1776
111	**Baum (OL)**		Haste		1737	DRA		06, Bennington	16.08.1777
112	Baumann	Johann	*Bayern*		1735	DRA		15, Canada	09.01.1783
113	Baumann	Wilhelm	Winterfeld		1767	4.Rec		07	31.03.1781
114	Baumann	Johann Friedrich	Rupin		1751	5.Rec		07, New York State	13.04.1782
115	Baxmann	Christian	**Söllingen**	38387	1730	GRE	Capt. v. Schieck	07, Montreal	13.10.1776
116	Baxmann	Andreas	**Braunschweig**	38100	1751	SPE	Capt. v. Ehrenkrook	07, St.Marie, Quebec	26.02.1777
117	Bayer	Johann	Zahen		1761	BAR	Capt. Thomae	11, 33	
118	Bebendorf	Valentin	Packenrode		1746	BAR	Jägercompany	**16, Canada**	30.06.1783
119	**Beck (KA)**	Johann	**Pabstdorf**	38836	1745	GRE	Capt. v. Bärtling	06, Bennington	16.08.1777
120	**Becker (KA)**	Christian	Hamburg	20095	1761	BAR	Capt. Thomae	(C), 11, 12, Winter Hill	12.06.1778
121	Becker	Adam	Mainz	55118	1760	1.Rec		15, Canada	04.09.1778
122	Becker	Georg	**Ocker**		1758	DRA	Generalmaj. v.Riedesel	06, Bennington	16.08.1777
123	Becker	August	Stollberg	06547	1757	GRE	Capt. v. Bärtling	**16, Canada**	19.07.1783
124	Becker	Christoph	**Hüttenrode**	38889	1741	GRE	Capt. v. Löhneisen	(C), 11, Springfield	

#	Surname	Given name	Place	ID	Year	Unit	Role	Location	Date
125	Becker	Friedrich	**Braunschweig**	38100	1759	GRE	Capt. v. Schieck	(C), 11, 12	19.11.1778
126	Becker	Christian	**Braunschweig**	38100	1757	GRE	Capt. v. Schieck	(C), 11, Newbury	
127	Becker	Johann	**Negenborn**	37643	1765	vRH	Major v. Lucke	(C), 11, 12, Winter Hill	17.05.1778
128	Becker	August	**Ocker**		1742	vRH	Capt. v. Schlagenteufel	34	
129	Becker	Franz	Almerode		1749	vRH	Capt. v. Alers	(C), 11, 12, Potomac	30.12.1778
130	**Becker (TB)**	Johann	Friedrichsdorf	61381	1749	vRH	Capt. v. Alers	12a	
131	Becker	August	**Helmstedt**	38350	1763	RIE	Capt. Morgenstern	(C), 11, 12, Winter Hill	09.09.1778
132	Becker	Jacob	Deuterson		1755	BAR	Leibcompany	**16, Canada**	04.07.1783
133	Becker	Heinrich	Rettmer	21335	1760	BAR	Capt. Thomae	12, Nobletown	24.10.1777
134	Becker	Gottlieb	**Blankenburg**	38889	1757	BAR	Capt. Dommes	06, Bennington	16.08.1777
135	Becker	Gottlieb	Jauer		1762	2.Rec		07b, Lac St.Pierre	19.01.1779
136	Beckmann	Jürgen Christian	Thiendorf	01561	1738	vRH	Capt. v. Schlagenteufel	07, Quebec	10.02.1777
137	Beckmann	Christian	Biesterode		1751	SPE	Leibcompany	07, Fort George	08.09.1777
138	Beckmann	Anton	Bergkirchen		1746	2.Rec		07, Canada	26.06.1783
139	Beddiger	Franz	**Heerthe**	38226	1760	2.Rec		**16, Canada**	23.07.1783
140	Behle	Friedrich	**Bodenburg**	31162	1744	SPE	Leibcompany	12a	
141	Behrbom	Ludewig	Meyerhausen		1759	RIE	Leibcompany	12, Vergere, Quebec	17.01.1776
142	Behrbom	Ludewig	**Beddingen**	38239	1759	RIE	Leibcompany	07, Canada	09.03.1779
143	**Behrens (FS)**	Ulrich	Aschwarden	28790	1759	RIE	Vacant company	(C), 11, 12, Winter Hill	14.05.1778
144	Behrens	Johann	**Watenstedt**	38226	1748	DRA	Major v. Meibom	07	14.08.1781
145	Behrens	Friedrich	**Wahrstedt**	38458	1724	GRE	Capt. v. Bärtling	(C), 11, 07, Cambridge	10.04.1781
146	Behrens	Heinrich	Markoldendorf	37586	1761	GRE	Capt. v. Schieck	(C), 11, 12, Winter Hill	07.04.1778
147	Behrens	Julius	**Wolfenbüttel**	38302	1763	PFR	Obristlt. v. Hille	07a, St.Jean, Quebec	12.08.1780
148	Behrens	Martin	**Süpplingburg**	38376	1744	vRH	Major v. Lucke	07, Canada	05.12.1782
149	Behrens	Heinrich	**Gebhardtshagen**	38226	1732	RIE	Capt. Morgenstern	12a	
150	Behrens	Carl	**Wienrode**	38889	1748	SPE	Leibcompany	11, 33	
151	Behrens	Gottlieb	Berlin	10178	1755	2.Rec		**16, Canada**	17.07.1783
152	Beller	Friedrich	**Lesse**	38226	1736	GRE	Capt. v. Bärtling	11, 33	
153	Bellmann	Christian	Neustadt	31535	1751	BAR	Jägercompany	11, 33	
154	**Bellstedt (HB)**	Heinrich	Halberstadt	38820	1759	vRH	Stab, (Staff)	11, 12, Palmer	16.11.1778
155	Belzer	Johann	Untrecht		1730	PFR	Capt. v. Tunderfeld	07, St.Nicolas, Quebec	14.01.1781

#	Surname	Given name	Birthplace	ID	Birth year	Unit	Company/Rank	Location	Date
156	Benecke	Heinrich	Thedinghausen	27321	1756	GRE	Capt. v. Bärtling	(C), 11, 07.	00.00.1780
157	Benecke	Heinrich	Thedinghausen	27321	1751	GRE	Capt. v. Bärtling	11, 33	26.06.1783
158	Benecke	Conrad	**Braunschweig**	38100	1760	RIE	Obrist v. Speth	**16, Canada**	22.07.1783
159	Benecke	Friedrich	Hildesheim	31134	1761	2.Rec		**16, Canada**	25.12.1778
160	Bense	Peter Christian	**Osterwieck**	38835	1745	BAR	Leibcompany	(C), 11, 12, N.-Hanover	28.09.1778
161	Bentrott	Wilhelm	**Negenborn**	37643	1754	vRH	Capt. v. Schlagenteufel	(C), 11, 12, Winter Hill	16.08.1777
162	Bentrott	Heinrich	**Königslutter**	38154	1745	BAR	Capt. v. Geusau	06, Bennington	08.12.1779
163	Bentrott	Johann Heinrich	**Braunschweig**	38100	1761	3.Rec		07, Pointe aux Tremble	26.06.1783
164	Berck	Johann			1751	RIE	Obrist v. Speth	**16, Canada**	05.03.1783
165	Berckhane	Jürgen	Altenkirchen		1742	BAR	Capt. v. Geusau	11, 33	08.10.1778
166	**Berg (PR)**	Julius	Wittenberg		1724	BAR	Staff	07, Canada	30.09.1777
167	Berge	Andreas	**Hessen**	38835	1733	RIE	Capt. v. Pöllnitz	(C), 11, 07, Cambridge	24.12.1778
168	Berger	Adam	Simmershausen	34233	1758	vRH	Major v. Lucke	12, Freeman's Farm	30.12.1778
169	Bergmann	Heinrich	Neustadt	31535	1744	vRH	Major v. Lucke	(C), 11, 12, N.-Hanover	30.12.1778
170	Bergmann	Gabriel	Reimsdorf		1745	vRH	Capt. v. Schlagenteufel	11, 33	
171	Bergmann	Johann Joseph	Steinbach		1759	RIE	Capt. Morgenstern	(C), 11, 12, Potomac	27.10.1777
172	Bergmann	Johann	Steinbach		1754	RIE	Capt. Morgenstern	34	
173	Bergmann	Adam	Sangershausen	06526	1726	SPE	Leibcompany	07, Canada	07.12.1780
174	Bergmann	Andreas	**Schöningen**	38364	1737	BAR	Capt. v. Geusau	11, 33	06.04.1782
175	Bergmann	Christoph	Narnstedt		1767	2.Rec		07a, Chambly River	
176	Bergmann	Wilhelm	Coppenhagen		1730	4.Rec		07, Canada	
177	Bernhard	Christoph	Onsleben		1752	SPE	Capt. v. Plessen	34	11.10.1782
178	Berner	Christian	Alstedt	06542	1759	4.Rec		07, Canada	23.07.1783
179	Bertram	Christoph	**Dankelsheim**	37581	1745	PFR	Obristlt. v. Hille	07, Canada	29.07.1783
180	Besselmann	Johann Carl	**Wolfenbüttel**	38304	1757	PFR	Capt. Diedrichs	**16, Canada**	29.07.1783
181	**Besserer (FS)**	Ludewig	**Neustadt**		1750	PFR	Capt. Diedrichs	**16, Canada**	16.08.1777
182	Besthorn	Matthias	**Königslutter**	38154	1754	BAR	Jägercompany	06, Bennington	25.06.1783
183	Bethge	Heinrich	Zellerfeld	38676	1757	RIE	Obrist v. Speth	34	06.01.1777
184	Bethge	Andreas	**Königslutter**	38154	1756	RIE	Capt. Morgenstern	**16, Canada**	31.12.1776
185	Bettenhausen	Andreas	Weimar	99423	1766	BAR	Leibcompany	07, St. Francois	
186	Beuche	Ernst	**Braunschweig**	38100	1741	BAR	Jägercompany	07, Canada	

#	Surname	First name	Place	ID	Year	Unit	Officer	Location	Date
187	Beuckert	Joseph	Lissa	P	1751	1.Rec		16, Canada	22.06.1783
188	**Beyer (KA)**	Nicolas	Erfurt	99084	1759	2.Rec		16, Canada	24.07.1783
189	Beyer	Anton	Andungen		1757	DRA	Obristlt. Baum	07, Canada	28.07.1778
190	Beyer	Heinrich	**Braunschweig**	38100	1763	vRH	Capt. v. Schlagenteufel	(C),11,12,Gt. Barrington	25.10.1777
191	Beyer	Johann Wilhelm	Jena	07745	1747	1.Rec		16, Canada	22.06.1783
192	Beyer	Anton				2.Rec		23	25.07.1778
193	Beyssert	Wilhelm	Calw	75365	1755	2.Rec	Capt. v. Lützow	16, Canada	23.07.1783
194	Biehlert	Carl	Speyer	67346	1753	SPE	Jägercompany	07, Fort George	28.08.1777
195	Biehlert	Conrad	Speyer	67346	1749	1.Rec	Capt. v. Plessen	11, 33	
196	Bielang	Johann	Altemark		1741	SPE		07, St.Pierre, Quebec	20.12.1776
197	Bielefeld	Johann	Magdeburg	39104	1754	2.Rec		12, Canada	03.08.1783
198	**Bielstein (LT)**	Wilhelm	**Braunschweig**	38100	1742	vRH	Major v. Lucke	16, Canada	30.07.1783
199	Biennomme	Francois		F	1760	3.Rec		12, Canada	29.03.1783
200	**von Biers (FN)**		London		1763	BAR	Capt. C. v. Geusau	07a, St.Francois	12.04.1777
201	Billhard	Johann Friedrich	Langensalza	99947	1742	4.Rec		16, Canada	30.06.1783
202	Binneweiss	Ernst Andreas	**Kreiensen**	37547	1761	DRA	Leibcompany	06, Bennington	16.08.1777
203	Birckner	Joseph	Jachau	H	1762	BAR	Capt. Thomae	(C), 11, 12, Winter Hill	25.05.1778
204	Birscher	Georg	Kramenau		1751	BAR	Capt. Dommes	16, Canada	23.07.1783
205	Bischoff	Johann	**Emmerstedt**	38350	1742	SPE	Capt. v. Plessen	11, 33	
206	Bischoff	Anton	Winzenburg	31088	1760	2.Rec		07a, Canada	18.05.1783
207	Bitterlich	Gottlieb	Annaberg	09456	1734	GRE	Obristlt. Breymann	06, Bennington	16.08.1777
208	Blaase	Christian	Hundshagen		1739	GRE	Capt. v. Bärtling	23, St.-Lawrence River	21.06.1777
209	Bläncke	Ernst	Süssbeck		1750	RIE	Obrist v. Speth	07, Canada	22.09.1776
210	Blech	Wilhelm	Mannheim	68165	1765	BAR	Capt. Thomae	06, Freeman's Farm	07.10.1777
211	**Blettermann (TB)**	Andreas	Clausthal	38678	1757	SPE	Capt. v. Dahlstierna	(C), 11, 12, New Provid.	12.12.1778
212	Bley	Georg	**Neustadt**		1753	RIE	Leibcompany	07, Trois Riviere	17.01.1777
213	Block	Johann	**Schöningen**	38364	1759	PFR	Capt. Diedrichs	16, Canada	29.07.1783
214	Block	Martin	**Wolfenbüttel**	38304	1752	vRH	Major v. Lucke	06, Saratoga	12.10.1777
215	Blödel	Carl	Nürnberg	90459	1765	2.Rec		07, Canada	16.02.1780
216	**Blümchen (FS)**	Johann	Magdeburg	39104	1751	BAR	Leibcompany	16, Canada	22.06.1783
217	Blümer	Conrad	**Seesen**	38723	1738	GRE	Capt. v. Bärtling	11, 34, Stoughten	

#	Surname	First name	Place	ID	Year	Unit	Rank/Company	Location	Date
218	**Blumberg (KA)**	August	**Braunschweig**	38100	1747	SPE	Capt. v. Plessen	(C) 11, 12, Winter Hill	05.05.1778
219	Blumberg	Jürgen	**Lamme**	38116	1758	RIE	Obrist v. Speth	**16, Canada**	25.06.1783
220	Blumberg	Julius	**Bilderlahe**	38723	1752	SPE	Capt. v. Lützow	07, L' Autbiniere	11.02.1777
221	Blume	Nicolaus	Freyenstein		1754	DRA	Obristlt. Baum	11, Boston	
222	Blume	Nicolaus	Wolfershausen	34587	1750	GRE	Capt. v. Löhneisen	**16, Canada**	21.07.1783
223	Blume	Caspar	**Reinsdorf**	38372	1737	vRH	Leibcompany	11, 12a	
224	Blume	Joachim	**Astfeld**	38685	1736	RIE	Obrist v. Speth	(C) 11, 07, Cambridge	11.09.1778
225	Blume	Johann	**Negenborn**	37643	1755	SPE	Leibcompany	07, Canada	19.03.1778
226	Blume	Andreas	**Langeleben**		1754	SPE	Capt. v. Dahlstierna	(C), 11, 12, Winter Hill	08.12.1777
227	Blume	Conrad	**Braunschweig**	38100	1734	1.Rec	Leibcompany	**16, Canada**	24.06.1783
228	Böbach	Johann	Zellerfeld	38678	1762	BAR	Jägercompany	11, 12, Worchester	12.11.1778
229	Bock	Franz	**Braunschweig**	38100	1745	RIE	Leibcompany	(C) 11, 07, Virginia	22.03.1780
230	Bock	Wilhelm	Bramecke		1727	GRE	Capt. v. Bärtling	11, 07	07.07.1780
231	Bock	Christoph	Goslar	38640	1739	vRH	Leibcompany	07, Quebec	28.07.1777
232	Bock	Georg	Gotha	99867	1750	vRH	Capt. Alers	11, 12, Rutland	01.04.1778
234	Bock	Heinrich	**Stadtoldendorf**	37627	1745	SPE	Capt. v. Lützow	(C) 11, 07, Cambridge	29.07.1778
235	Bock	Nicolaus	Altona	22765	1755	BAR	Capt. Thomae	07, Quebec	17.10.1776
236	Bockelmann	Wilhelm	Bühen		1741	BAR	Capt. v. Geusau	(C) 11, 07, Cambridge	04.10.1777
237	Bockemann	Lorenz	**Bodenstedt**	38159	1758	vRH	Major v. Lucke	11, 12, Frederick	27.12.1778
238	Bockemüller	Heinrich	**Braunschweig**	38100	1762	vRH	Obristlt. v. Ehrenkrook	(C),11, 12, Potomac Riv	23.10.1777
239	Bockemüller	August	**Braunschweig**	38100	1752	vRH	Obristlt. v. Ehrenkrook	11, 33	30.12.1778
240	Bockemüller	Georg	**Neustadt**		1755	vRH	Major v. Lucke	11, 33	
241	Bockmann	Andreas Heinrich	**Süpplingen**	38373	1761	SPE	Major v. Ehrenkrook	(C), 11, 12, Nobletown	24.10.1777
242	**Bode (LT)**		**Braunschweig**	38100	1736	BAR	Leibcompany	(C) 11, 07, Albany	23.10.1777
243	Bode	Andreas	**Schlewecke**	38667	1738	DRA	Leibcompany	(C), 11, 07, Virginia	19.02.1780
244	Bode	Heinrich	Weddig		1756	DRA	Generalmaj.v. Riedesel	11, 33	
245	Bode	August	**Oelber a.W. Wege**	38271	1758	PFR	Obristlt. Pratorius	07, Quebec	04.10.1778
246	Bode	Friedrich	**Groß-Rhüden**	38723	1751	RIE	Obrist v. Speth	11, 33	
247	Bode	Martin	Ledersburg		1757	GRE	Capt. v. Löhneisen	(C), 11, 12, Pennsylv.	24.12.1778
248	Bodemann	Johann Heinrich	Alvensleben		1750	PFR	Capt. Diedrichs	12, Fort Ticonderoga	21.09.1777
249	**Bodemeyer (KA)**	Wilhelm	Sachsenhausen	34513	1755	vRH	Capt. v. Schlagenteufel	(C), 11, 07, Cambridge	24.01.1778

Index, The Brunswick Troops in North - America 1776 - 1783

#	Surname	First Name	Place	ID	Year	Unit	Officer	Location	Date
250	Bodenstedt	Julius	Oelper	38271	1742	GRE	Obristlt. v. Mengen	34	
251	**Bodenstein (TB)**	Heinrich	**Schlewecke**	38667	1750	RIE	Obrist v. Speth	(C), 11, 12, Virginia	13.01.1779
252	Böbe	Simon	Altringen		1760	2.Rec		**16, Canada**	30.07.1783
253	Böcker	Christian	**Greene**	37547	1747	SPE	Major v. Ehrenkrook	11, 33	
254	Böcker	Andreas	**Gandersheim**	37581	1745	SPE	Capt. v. Lützow	11, 33	
255	Böcker	Heinrich	Fahrenhorst	24214	1745	2.Rec		23	02.08.1778
256	Böcker	Heinrich Casper	Fahrenhorst	24214	1745	3.Rec		23	12.08.1779
257	Bödecker	Johann Friedrich	**Ottenstein**	31868	1751	1.Rec		**16, Canada**	10.06.1783
258	Boedecker	Johann	Minden	32427	1761	4.Rec		**16, Canada**	04.07.1783
259	Böge	Christian	**Braunschweig**	38100	1758	DRA	Generalmaj.v. Riedesel	07, Berthier, Canada	03.07.1780
260	Böhling	Heinrich	Stade	21680	1742	5.Rec		**16, Canada**	25.06.1783
261	Böhme	Wilhelm	Magdeburg	39104	1737	GRE	Obristlt. v. Mengen	(C), 11, 07, Cambridge	26.09.1778
262	Böhme	Peter	**Watenstedt**	38226	1743	vRH	Obristlt. v. Ehrenkrook	07, Trois Riviere	15.09.1777
263	Böhme	Johann	**Braunschweig**	38100	1752	SPE	Capt. v. Dahlstierna	(C), 11, 12, Winter Hill	18.10.1778
264	Böhme	Joseph	Altenkirchen		1756	BAR	Capt. v. Geusau	11, 33	
265	Böhme	Heinrich	**Danndorf**	38461	1757	3.Rec		07, Canada	03.05.1783
266	Böhrss	Christian	**Schlewecke**	31167	1734	GRE	Capt. v. Schieck	06, Bennington	16.08.1777
267	Böhrss	Peter	**Schlewecke**	31167	1740	RIE	Obrist v. Speth	07, Fort Miller	11.09.1777
268	Böning	Johann	Piemont		1734	2.Rec		**16, Canada**	24.06.1783
269	Böttcher	Gottlieb	Demmen		1765	SPE	Capt. v. Plessen	12, Fort Miller	00.09.1777
270	Böttcher	Andreas	**Emmerstedt**	38350	1745	SPE	Capt. v. Plessen	12a	
271	Böttcher	Johann Christian	Glogau		1756	3.Rec		**16, Canada**	29.07.1783
272	Böttcher	Wilhelm	**Braunschweig**	38100	1753	BAR	Capt. Thomae	12, Freeman's Farm	07.10.1777
273	Bohn	Friedrich	Hedegen		1756	SPE	Capt. v. Lützow	(C), 11, 12, Winter Hill	09.04.1778
274	Bohne	Christoph	Voigtsdalum		1751	RIE	Vacant company	(C) 11, 07, Ticonderoga	00.11.1777
275	Bohnhage	Carl	**Wolfenbüttel**	38304	1750	RIE	Leibcompany	34	
276	Bohnsack	Daniel	**Wolperode**	37581	1747	vRH	Leibcompany	12, Quebec	15.11.1776
277	Bohnsack	Johann Georg	*Hessen Kassel*		1759	2.Rec		**16, Canada**	26.06.1783
278	Bojack	Martin	Berlin	10178	1735	1.Rec		**16, Canada**	10.07.1783
279	**Bollmann (FS)**		Hummersleben		1753	RIE	Capt. v. Pöllnitz	12, Halifax	18.07.1781
280	Bollmann	Heinrich	Groß Elbe		1756	PFR	Capt. Diedrichs	**16, Canada**	29.07.1783

Index, The Brunswick Troops in North-America 1776 - 1783

#	Surname	Given name	Place	ID	Year	Unit	Company	Location	Date
281	Bollmann	Christoph	Sottmar	38321	1763	RIE	Capt. Morgenstern	(C), 11, 12, Winter Hill	23.07.1778
282	Bollmann	Heinrich	**Blankenburg**	38889	1760	PFR	Capt. v. Tunderfeld	**16, Canada**	29.07.1783
283	Bonitz	Friedrich	Lelin		1743	2.Rec		23	29.05.1778
284	Bonse	Adolph	**Lichtenberg**	38226	1755	GRE	Obristlt. Baum	11, 33	
285	Bonse	Heinrich	Osterode	37520	1747	BAR	Jägercompany	11, 33	
286	Boos	Caspar	Wallenstein	34593	1759	2.Rec		**16, Canada**	30.07.1783
287	Borchers	Andreas	**Braunschweig**	38100	1753	PFR	Leibcompany	07, Quebec	04.09.1776
288	Borchers	Jürgen	**Halle**	37620	1748	vRH	Capt. Alers	12a	
289	Borck	Friedrich	Berlin	10178	1761	vRH	Stab	(C),11,12,Grt Barrington	25.10.1777
290	Bormann	Julius	**Watzum**	38170	1761	DRA	Leibcompany	06, Bennington	16.08.1777
291	Bormann	Julius	Sülze	29303	1738	BAR	Capt. Dommes	06, Canada	30.09.1777
292	Bormann	Carl	**Wolfenbüttel**	38304	1760	BAR	Capt. Dommes	**16, Canada**	24.06.1783
293	Bormann	Sigmund	Landshut	84028	1756	2.Rec		**16, Canada**	27.07.1783
294	Bormann	Georg	Hamburg	20095	1750	2.Rec		**16, Canada**	26.07.1783
295	Borms	Friedrich	Winzenburg	55545	1750	RIE	Obrist v. Speth	34	
296	Born	Daniel	**Blankenburg**	38889	1757	RIE	Capt. v. Pöllnitz	34	
297	Bornemann	Gottlieb	Frankfurt a. O.	15232	1754	BAR	Jägercompany	11, 33	
298	Bornemann	Carl	Harbeke		1764	RIE	Capt. v. Pöllnitz	(C), 11, 12, Virginia	16.09.1779
299	Bosse	Andreas	Börßel		1738	PFR	Capt. Diedrichs	**16, Canada**	29.07.1783
300	Bosse	Julius	**Süpplingen**	38373	1762	RIE	Leibcompany	(C), 11, 07, Cambridge	19.10.1777
301	Bosse	Michael	**Langelsheim**	38685	1761	RIE	Obrist v. Speth	(C), 11, Virginia	
302	Bosse	Julius	**Burgdorf**	38272	1751	SPE	Leibcompany	(C), 11, 12, Nobletown	24.10.1777
303	Bostelmann	Friedrich	Landau	34454	1747	5.Rec		07, New York	10.11.1781
304	*Braatz (TB)*	Friedrich	Wiesenthal		1758	BAR	Capt. Dommes	**16, Canada**	23.07.1783
305	Brackhagen	Andreas	Wolprechtshausen		1748	RIE	Leibcompany	12a	
306	**Brader (KA)**	Conrad	**Rühle**	37619	1733	SPE	Major v. Ehrenkrook	11, 33	
307	Brandes	Andreas	**Dibbesdorf**	38108	1735	GRE	Obristlt. Breymann	34, Philadelphia	
308	Brandes	Conrad	Dolgen	31319	1754	PFR	Capt. v. Thunderfeld	11, 33	
309	Brandes	Johann	**Braunschweig**	38100	1766	vRH	Capt. v. Schlagenteufel	(C) 11, 12, Westfield	28.10.1777
310	Brandes	Christian	**Rüningen**	38122	1741	vRH	Capt. Alers	12a	
311	Brandes	Julius	Dettum	38178	1739	RIE	Capt. v. Pöllnitz	34	

#	Surname	Given name	Origin	ID	Year	Unit	Rank/Company	Location	Date
312	Brandes	Christian	Wolfenbüttel	38304	1759	SPE	Major v. Ehrenkrook	(C), 11, 07, Cambridge	29.11.1777
313	Brandes	Ludewig	Braunschweig	38100	1762	SPE	Capt. v. Dahlstierna	(C), 11, 07, Winter Hill	13.02.1778
314	Brandes	Christian	Bremen	28195	1762	BAR	Capt. Thomae	11, 33	
315	Brandt (SM)	Johann Friedrich	Clausthal	38678		G.S		16, Canada	00.07.1783
316	Brandt	Friedrich	Amelungsborn		1758	vRH	Capt. Alers	12a	
317	Brandt	Ernst	Börnecke	38889	1728	RIE	Capt. v. Pöllnitz	11, 33	
318	Brandt	Christian	Uthmöden	39345	1742	SPE	Leibcompany	06, Saratoga	15.10.1777
319	Brandt	Johann	Bremen	28195	1759	SPE	Leibcompany	(C), 11, 12, Winter Hill	24.04.1778
320	Brandt	Daniel	Heckeln		1752	BAR	Capt. Dommes	07, Becancourt, Quebec	13.12.1776
321	Brandt	Johann Christian	Grunde		1757	2.Rec		16, Canada	29.07.1783
322	Brandthorst	Wilhelm	Gronau	31028	1760	2.Rec		07a, Canada	07.07.1780
323	Brauer	Andreas	Fallstedt		1747	vRH	Capt. Alers	11, 33	
324	Braun	Martin	Adern		1744	2.Rec		16, Canada	29.07.1783
325	Braune	Georg	Wilsbach	35649	1763	BAR	Leibcompany	12, Quebec	01.01.1777
326	Braune	Andreas	Schlotheim	99994	1753	BAR	Leibcompany	01.07.1783	01.07.1783
327	Bricht	Georg	Möhringsheim		1760	3.Rec		16, Canada	22.07.1783
328	Breimesser	Christoph	Oftenburg		1735	RIE	Capt. v. Pöllnitz	34	
329	Breitrück	Andreas	Wasungen	98634	1754	4.Rec		07, 23, Cork	24.09.1780
330	Breitschu (TB)	Heinrich	Gernrode	06507	1758	BAR	Leibcompany	16, Canada	23.07.1783
331	Bremer	Heinrich	Braume		1734	GRE	Capt. v. Bärtling	07, Quebec	21.01.1777
332	Bremer	Ludewig	Hellenthal	37626	1756	vRH	Major v. Lucke	11, 33	
334	Brendel	Christian David	Schneeberg		1747	1.Rec		07, Canada	26.07.1777
335	Brendel	Franz	Kayserslutter		1762	2.Rec		16, Canada	25.07.1783
336	Brennecke	Johann	Lesse	38226	1755	GRE	Capt. v. Löhneisen	16, Canada	21.07.1783
337	Brennecke	Johann Christian	Ribbesbüttel	38551	1762	3.Rec		12, Canada	29.05.1783
338	Bretbinder	Wilhelm	Tanne	38875	1756	vRH	Obristlt. v. Ehrenkrook	12a	
339	Breuding	Andreas	Minden	32427	1733	vRH	Capt. Alers	(C), 11, 07, Virginia	17.04.1779
340	Breusse	Heinrich	Sachsen	91623	1764	5.Rec	Obristlt. Breymann	(C), 11, 12, Charlestown	03.04.1782
341	Breusl	Heinrich	Böttgerode		1753	GRE	Obristlt. v. Hille	(C), 11, Winchester	
342	Breust	Heinrich	Westerode	38667	1739	PFR		07, Quebec	04.12.1777
343	Breust	Gottlieb	Westerode	38667	1748	RIE	Capt. Morgenstern	(C), 11, 12, Virginia	16.11.1780

#	Surname	First Name	Origin	ID	Year	Unit	Company	Location	Date
344	**Breymann (OL)**	Heinrich	**Salder**	38226	1733	GRE	Leibcompany	06, Freeman's Farm	07.10.1777
345	Breymann	Johann Christian	**Braunschweig**	38100	1751	RIE		(C), 11, 12, Winter Hill	30.01.1778
346	Breyter	Friedrich August	Münch Hasten		1759	BAR	Jägercompany	11, 12	05.06.1781
347	**Briel (SG)**	Heinrich	Goslar	38642	1741	RIE	Capt. Morgenstern	**10, Canada**	03.06.1777
348	Brinckmann	Christian	**Gandersheim**	37581	1751	GRE	Obristlt. v. Mengen	11, 33	08.09.1778
349	Brinckmann	Christian	**Steterburg**		1750	GRE	Capt. v. Schieck	(C), 11, 07, Cambridge	
350	Brinckmann	Andreas	Benern		1745	RIE	Capt. Morgenstern	12a	
351	Brinckmann	Andreas	**Dankelsheim**	37581	1741	RIE	Vacant Company	(C), 11, 07, Cambridge	08.09.1778
352	Bröhse	Martin	**Braunschweig**	38100	1756	RIE	Leibcompany	(C), 11,12, New Hartford	21.11.1778
353	Bröse	Andreas	Potsdam	14471	1744	BAR	Jägercompany	06, Bennington	16.08.1777
354	Bronner	Johann	Binthal		1739	3.Rec		07, 23, Spithead	06.05.1779
355	Broquet	Ignatius	Scherdingen		1762	2.Rec		07, Canada	06.10.1781
356	Brücke	Friedrich	**Kreiensen**	37547	1749	GRE	Obristlt. v. Mengen	34	
357	Brückner	Johann Christian	Schwabach	91126	1759	BAR	Capt. Thomae	**16, Canada**	02.06.1783
358	**Brünig (KA)**	Gabriel	**Herrhausen**	38723	1760	SPE	Major v. Ehrenkrook	07, Fort Ticonderoga	21.08.1777
359	Brünig	Friedrich	**Gandersheim**	37581	1725	BAR	Capt. Dommes	(C), 11, 07, Reading	16.11.1781
360	Brünsing	Leonhard	Unternesselbach	91413	1762	3.Rec		07, Trois Riviere	19.10.1779
361	Bruder	Adam	Freyberg		1760	4:Rec		**16, Canada**	02.08.1783
362	Brumann	Andreas	Würzburg	97070	1751	BAR	Jägercompany	(C) 11, 12, Shrewsbury	11.11.1778
363	Brunette	Heinrich	Brunkensen	31061	1743	BAR	Capt. Dommes	07, Trois Riviere	01.02.1777
364	**Bruns (CA)**	Anton	**Stiege**	38899	1747	PFR	Leibcompany	07, Quebec	25.09.1776
365	Bruns	Christian	Lelm	38154	1759	DRA	Major v. Meibom	06, Bennington	16.08.1777
366	Bruns	Gottfried	**Braunschweig**	38100	1735	GRE	Capt. v. Bärtling	11, Albany	27.07.1777
367	Bruns	Ludewig	**Bahrdorf**	38459	1742	GRE	Capt. v. Löhneisen	07a, Carillon	27.07.1777
368	Bruns	Bernhard	**Königslutter**	38154	1745	PFR	Capt. v. Tunderfeld	07, Quebec	27.01.1780
369	Bruns	Friedrich	**Braunschweig**	38100	1750	vRH	Capt. v. Schlagenteufel	12, Saratoga	10.10.1777
370	Bruns	Christian	Golmbach	37640	1755	RIE	Obrist von Speth	11, 33	
371	Bruns	Christian	**Salzgitter**	38259	1739	5.Rec		**16, Canada**	19.07.1783
372	Buchheister	Heinrich	**Schöningen**	38364	1731	SPE	Capt. v. Plessen	07, 23	27.08.1776
373	Buchholz	Heinrich	Stendal	39576	1766	5.Rec		07, Paulshook	12.09.1781
374	Buchwald	Johann	Lübeck	23552	1763	BAR	Leibcompany	07, St.Therese, Quebec	14.11.1776

#	Surname	Given name	Place	ID	Year	Unit	Company	Location	Date
375	Bues	Christoph	Westerode	38667	1740	vRH	Capt. Alers	07, Montreal	30.10.1777
376	Buhss	Heinrich	Neustadt		1759	vRH	Obristlt. v. Ehrenkrook	(C), 11, 07, Virginia	02.12.1779
377	Büchs	Johann	Hirschfeld		1755	2.Rec		16, Canada	23.07.1783
378	Bühr	Johann	Oberelsaß		1741	BAR	Capt. Thomae	(C) 11, 07, Cambridge	22.06.1778
379	**Bühring (BM)**	Johann Conrad	**Braunschweig**	38100	1747	G.S.		(C) 11, 12, Cambridge	30.11.1778
380	Bühring	Carl	Strassberg		1745	BAR	Capt. v. Geusau	07, Canada	00.12.1778
381	Büngener	Friedrich	**Wolfenbüttel**	38304	1748	BAR	Jägercompany	11, 33	
382	Büsterfeld	Esaias	**Braunschweig**	38100	1752	RIE	Capt. v. Pöllnitz	(C),11,12, New Hanover	24.12.1778
383	Büttner	Carl	**Seesen**	38723	1753	RIE	Capt. Morgenstern	34	
384	Büttner	Gottfried	Andreasberg	59909		BAR	Jägercompany	11, 33	15.06.1783
385	Büttner	Christoph	Saalfeld	07318	1760	3.Rec		**12, Canada**	
386	Bullenberg	Heinrich	Goslar	38640	1756	BAR	Capt. v. Geusau	07, Canada	12.02.1778
387	Bundel	David	Sternberg	19406	1753	RIE	Leibcompany	07, Quebec	16.07.1776
388	Burchert	Johann	Nordhausen	99734	1745	2.Rec		27	28.03.1780
389	Burchhard	Paul Gebhard	Jerichow	39319	1739	BAR	Jägercompany	**16, Canada**	30.06.1783
390	Burgdorff	Johann Peter	**Linden**	38300	1765	GRE	Capt. v. Löhneisen	(C) 11, 12, Lancaster	21.12.1778
391	Burgdorff	Heinrich	Groß Linde	19348	1745	GRE	Capt. v. Schieck	11, 33	
392	Burgdorff	Christian	**Braunschweig**	38100	1750	vRH	Obristlt. v. Ehrenkrook	07, Cap Sante, Quebec	17.04.1777
393	Burgdorff	Heinrich	**Burgdorf**	38272	1750	RIE	Vacant company	11, 33	
394	Burgdorff	Johann	Schlottheim		1759	BAR	Jägercompany	11, 33	
395	**Burghoff (LT)**		**Braunschweig**	38100	1747	GRE	Obristlt. v. Mengen	15	28.08.1781
396	Burgholz	Carl	Altona	19294	1742	vRH	Major v. Lucke	(C), 11, 12, Lancaster	23.12.1778
397	Busch	August	**Blankenburg**	38889	1762	RIE	Vacant company	07, New York	06.09.1777
398	Busch	Jacob	Lastenbach		1755	BAR	Capt. Thomae	07, Canada	03.12.1776
399	Busch	Ludewig	**Salzdalum**	38302	1757	BAR	Capt. v. Geusau	**12, Canada**	26.06.1783
400	Buschel	Friedrich	Reinhild		1764	BAR	Capt. v. Geusau	23, St. Lawrence River	11.09.1776
401	Buss	Caspar	**Neustadt**		1749	GRE	Capt. v. Löhneisen	11, 33	
402	Busse	Jacob	Sassenberg	48336	1755	BAR	Capt. Thomae	07b, Nicolet River	03.12.1776
403	Cain	Ernst	**Wolfenbüttel**	38304	1751	RIE	Capt. Morgenstern	11, 33	
404	Cain	Ernst	**Oelper**	38100	1745	RIE	Capt. Morgenstern	11, 07	00.00.1779
405	Campiano	Peter	Bunzlau		1764	1.Rec		07b, Lac. St.Pierre	19.01.1779

#	Surname	Given name	Origin	ID	Born	Unit	Company	Location	Date
406	Carl	Gottfried	Naumburg	06618	1743	2.Rec		**16, Canada**	10.07.1783
407	Cassel	Peter	Beddig		1747	SPE	Capt. v. Plessen	07, Canada	22.01.1783
408	**Chameau (PF)**	Pierre	Lyon	F	1743	Gre	Capt. v. Schieck	(C), 11, 12, Winter Hill	28.04.1778
409	Chevalier	Frederic	Montpellier	F	1742	BAR	Capt. v. Geusau	07, Canada	20.12.1777
410	Christa	Martin	Biberach	88400	1764	2.Rec		**16, Canada**	01.08.1783
411	Christiany	Georg	Nieder Ohms		1758	SPE	Capt. v. Plessen	12, Freeman's Farm	27.09.1777
412	Cirenus	Christoph	**Calvörde**	39359	1753	GRE	Obristlt. v. Mengen	11, 33	
413	Claudi	Peter		F	1725	BAR	Capt. Dommes	07, Fort Edward	23.08.1777
414	Claus	Heinrich	Wetterberg		1735	vRH	Leibcompany	(C), 11, 07, Cambridge	18.11.1778
415	Clausius	Johann	Magdeburg	39104	1759	GRE	Stab, (Staff)	12	24.10.1777
416	Cölling	Franz	Amelunxen	37688	1757	PFR	Capt. v. Tunderfeld	**16, Canada**	29.07.1783
417	Collecter	Johann Wilhelm	**Golmbach**	37640	1745	SPE	Major v. Ehrenkrook	11, 33	
418	Collet	Abraham	Schieritz	01665	1735	GRE	Capt. v. Schieck	11, 33	
419	Conrad	Georg	Reichenberg		1758	PFR	Leibcompany	**16, Canada**	29.07.1783
420	Conrad	Stephan	Sachsenhausen		1747	BAR	Capt. Dommes	**16, Canada**	26.06.1783
421	Constabel	Friedrich	**Scheppenstedt**		1733	RIE	Capt. v. Pöllnitz	(C),11,12, Pennsylvania	12.12.1778
422	Contermann	Philipp	Weilburg	35781	1748	BAR	Jägercompany	(C), 11, 12, Lancaster	19.12.1778
423	Cordes	Friedrich	Hamburg	20095	1743	BAR	Jägercompany	11, 33	
424	Creutzkam	Christian	Goslar	38640	1761	SPE	Capt. v. Dahlstierna	07, Quebec	05.11.1776
425	Creutzmacher	Johann Friedrich	Eisenach	99817	1762	3.Rec		**16, Canada**	04.06.1783
426	Croix (La)	Louis	Lyon	F	1734	BAR	Capt. v. Geusau	(C), 11, 12, New City	21.10.1777
427	Crone	Anton	Gadenstedt	31246	1743	PFR	Capt. v. Tunderfeld	07, Canada	09.03.1782
428	Crone	August	**Braunschweig**	38100	1741	SPE	Capt. v. Plessen	11, 33	
429	Cuers	Heinrich	Seehausen	39615	1755	BAR	Capt. Thomae	07, Montreal, Can.	15.11.1776
430	Daege	Christoph Georg	Gedenkerode		1761	GRE	Capt. v. Schieck	07, La Prairie, Can.	22.08.1776
431	Daentzer	Christoph	Andreasberg	59909	1740	GRE	Capt. v. Schieck	(C), 11, Winchester	
432	Dahle	Heinrich	**Hartingerode**	38667	1734	GRE	Capt. v. Löhneisen	(C), 11, 07, Cambridge	17.09.1778
433	Dahle	Philipp	**Harzburg**	38667	1753	RIE	Leibcompany	07, La Prairie, Can.	07.09.1776
434	Dahlen	Heinrich	Ocker		1756	GRE	Capt. v. Schieck	11, 33	
435	Dahlenburg	Matthias	**Hessen**	38835	1755	GRE	Obristlt. v. Mengen	(C), 11, 12, Winter Hill	15.04.1778
436	Dahler	Johann	Mainz	55116	1759	PFR	Capt. Diedrichs	**16, Canada**	29.07.1783

#	Surname	First name	Place	ID	Year	Unit	Company	Location	Date
437	Dahlhelm	Heinrich	Grasleben	38368	1744	vRH	Capt. v. Schlagenteufel	12, Louisbourg	03.01.1779
438	**Dahlstierna, v. (C)**		Schwed. Pommern		1743	SPE	Obrist von Speth	09, 06, Albany	23.12.1777
439	Dammeyer	Christian	Bindheim		1747	RIE		34	
440	Dänckemeyer	Jacob	**Hessen**	38835	1746	DRA	Leibcompany	06, Bennington	16.08.1777
441	Danckemeyer	Friedrich	**Hessen**	38835	1743	vRH	Obristlt. v. Ehrenkrook	12a	
442	Danckhof	Caspar	**Tanne**	38875	1746	vRH	Major v. Lucke	(C), 11, 07, Virginia	20.10.1780
443	Dandorf	Heinrich	**Burgdorf**	38272	1748	1.Rec	Leibcompany	**16, Canada**	20.07.1783
444	Daniel	Gottfried	Buchen		1744	SPE	Obristlt. Pratorius	34	
445	Dasdorf	Carl	Dresden	01067	1764	PFR		07, L'Autbinare, Can.	20.12.1780
446	Dauth	Caspar	Rosen	F	1757	3.Rec	Capt. v. Bärtling	**12, Canada**	30.06.1782
447	Decker	Friedrich	Schönstedt	99947	1755	GRE		(C), 11, 12, Winter Hill	29.04.1778
448	Decker	Joseph	Mamorde		1761	3.Rec		**12, Canada**	24.07.1783
449	Deegen	Heinrich	Quedlinburg	06484	1745	BAR	Leibcompany	06, Bennington	16.08.1777
450	Degenhard	Johann Friedrich	Göttingen	37083	1754	vRH	Leibcompany	**16, Canada**	25.06.1783
451	Degenhard	Christoph	Lichtenhausen		1758	vRH	Major v. Lucke	06, Freeman's Farm	07.10.1777
452	Dehne	Gottlieb	Hannover	30159	1762	DRA	Stab (Staff)	07, Quebec	12.08.1776
453	Dehne	Matthias	**Altendorf**	38465	1760	1.Rec		**16, Canada**	25.07.1783
454	Dehne	Heinrich	Hildesheim	31134	1755	SPE	Capt. v. Lützow	07, Canada	20.12.1777
456	Dehnert	Jacob	Ober Gebern		1757	2.Rec		**16, Canada**	23.07.1783
457	Dehnhard	Ernst	Buttstädt	99628	1762	2.Rec		**16, Canada**	27.06.1783
458	Dehnig	Valentin	Windelah		1747	DRA	Vacant company	12	
459	Deichmann	Gottlieb	**Schöningen**	38364	1744	BAR	Jägercompany	07, Quebec	09.12.1779
500	Deilhausen	Christoph	Teiflingen		1742	vRH	Obristlt. v. Ehrenkrook	11, 33	11.10.1776
501	Denecke	Gottfried	Wackersleben	39393	1733	GRE	Capt. v. Löhneisen	06, Freeman's Farm	07.10.1777
502	Dengeler	Johann	Eyershausen	31087	1763	BAR	Capt. Thomae	06, Freeman's Farm	07.10.1777
503	Denstorf	Hermann Valent.	**Sunstedt**	38154	1748	vRH	Capt. Alers	07, Fort Edward	05.09.1777
504	Deppe	David	Backswinsen?		1743	SPE	Stab (Staff)	07, Canada	15.02.1781
505	Deterding	Conrad	**Wolfenbüttel**	38304	1744	GRE	Obristlt. Breymann	11, 07, Cambridge	13.09.1778
506	**Detteborn (TB)**	Georg	**Wolfenbüttel**	38304	1767	RIE	Capt. v. Pöllnitz	07, Quebec	28.04.1777
507	Dettmer	Friedrich	**Groß Rhüden**	38723	1762	DRA	Leibcompany	(C), 11, 12, Virginia	04.03.1780
508	Dettmer	Heinrich	**Groß Stöckheim**	38304	1757	PFR	Leibcompany	**16, Canada**	29.07.1783

#	Surname	Given name	ID	Year	Unit	Company	Location	Date
509	Dettmer	Heinrich	38678	1747	RIE	Capt. Morgenstern	12a	
510	Dettmer	Carl		1746	BAR	Jägercompany	(C),11, 12, Marlborough	05.11.1777
511	Diebel	Eberhard	38899	1753	BAR	Capt. v. Geusau	11, 33	
512	Diecker	Johann	37574	1764	BAR	Capt. Dommes	07, Quebec	25.12.1776
513	Dieckmann	Johann	23552	1722	RIE	Vacant company	07, Canada	29.03.1782
514	Diedrichs	Conrad	38400	1737	PFR	Capt. v. Tunderfeld	07, St.Charles, Can.	29.04.1779
515	Diedrichs	Christoph	35606	1755	GRE	Obristlt. Breymann	(C), 11, 12, Winter Hill	08.10.1778
516	Diedrichs	Conrad	38304	1741	GRE	Obristlt. Breymann	(C), 11, 07, Winter Hill	13.10.1778
517	Diedrichs	Christian	38304	1730	GRE	Capt. v. Bärtling	11, 33	
518	Diedrichs	Johann	96047	1756	BAR	Jägercompany	16, Canada	01.07.1783
519	Diedrichs	Franz	38154	1745	BAR	Jägercompany	34	
520	Diedrichs	Heinrich	38100	1765	vRH	Capt. v. Schlagenteufel	12, Saratoga	10.10.1777
521	Dietz	Caspar		1752	DRA	Obristlt. Baum	11, 33, Boston	
522	Dietz	Johann	04924	1757	BAR	Leibcompany	(C), 11, 12, Virginia	06.01.1779
523	Dietz	Christian		1744	BAR	Capt. Dommes	11, 33	
524	Dietz	Michael		1743	PFR	Capt. v. Tunderfeld	07, Quebec	22.11.1776
525	Dietzell	Johann		1765	BAR	Leibcompany	12, Freeman's Farm	04.10.1777
526	Dillmann	Friedrich		1756	1.Rec		16, Canada	25.06.1783
527	Discher	Caspar	97070	1757	2.Rec		16, Canada	22.06.1783
528	Dobe	Heinrich	38364	1764	BAR	Capt. v. Geusau	07, St.Francois, Can.	08.12.1776
529	Döppen	Christoph		1763	BAR		07, Canada	15.02.1782
530	Dören (FS)	Christian		1754	PFR	Obristlt. v. Hille	16, Canada	29.07.1783
531	Dörge	Georg	38889	1726	GRE	Capt. v. Bartling	34	
532	Dörge	Levin		1751	vRH	Obristlt. v. Ehrenkrook	11, 33	
533	Dörges	Hilmar	37635	1731	PFR	Leibcompany	07, Fort St.Jean, Can.	04.11.1777
534	Dörges	Wilhelm	37635	1755	RIE	Capt. v. Pöllnitz	11, 12, New Hanover	24.12.1778
535	Dörges	Heinrich	37632	1745	BAR	Capt. v. Geusau	11, 33	
536	Döring	Adams	37547	1764	vRH	Capt. v. Schlagenteufel	(C), 11, 12, Winter Hill	09.07.1778
537	Döring	Franz		1753	SPE	Major v. Ehrenkrook	11, 12, Yorcktown	25.12.1778
538	Döring	Heinrich		1751	2.Rec		16, Canada	01.08.1783
539	Döring	Heinrich	38100	1734	BAR	Leibcompany	07, Freeman's Farm	01.10.1777

#	Name	First Name	Place	ID	Year	Unit	Company	Location	Date
540	Dörries	Johann	Böttcherode		1737	vRH	Capt. v. Schlagenteufel	11, 12, Frederick	27.12.1778
541	Dösenberg	Anton	Solingen	42651	1763	vRH	Capt. Alers	(C), 11, 12, Tanneytown	24.12.1778
542	Dohmprobst	Friedrich	Fankenfeld	27336	1755	vRH	Capt. Alers	**12, Canada**	28.06.1783
543	Donnius	Ernst	Danzig		1749	2.Rec		07, 23	13.07.1778
544	Donny	Anton	Altkirchen	F	1762	3.Rec		**12, Canada**	29.05.1783
545	Dormann	Johann Jürgen	**Dehrental**	37691	1738	PFR	Leibcompany	07, Fort St.Jean	11.11.1777
546	Dormann	Friedrich	**Gandersheim**	37581	1751	SPE	Leibcompany	23, Quebec	04.10.1776
547	Dormeyer	Caspar	**Bevern**	37639	1741	GRE	Capt. v. Löhneisen	11, 33	
548	Dormeyer	Friedrich	Aarholzen		1757	PFR	Obristlt. v. Hille	**12, Quebec**	26.07.1783
549	Dorsch	Christoph	Meckmühle		1761	5.Rec		**16, Canada**	03.08.1783
550	Dorst	Heinrich	**Trautenstein**	38899	1753	GRE	Capt. v. Löhneisen	(C), 11, 07, Cambridge	24.09.1778
551	Dost	Heinrich Andreas	**Calvörde**	39359	1743	vRH	Capt. v. Schlagenteufel	07, Montreal, Can.	15.12.1776
552	Dove (LT)	Anton	**Schöningen**	38364	1742	SPE	Capt. v. Dahlstierna	07, New York	08.02.1780
553	Dralle	Johann	**Braunschweig**	38100	1755	GRE	Capt. v. Schieck	11, 33	
554	Drechsler	Joachim	**Rühen**	38471	1745	vRH	Capt. Alers	(C) 11, 07, Albany	21.10.1777
555	Drechsler	Johann Georg	Hambrecht		1759	BAR	Capt. Dommes	**16, Canada**	22.07.1783
556	Dreyer	Friedrich	Hildesheim	31134	1743	GRE	Capt. v. Bärtling	11, 12, Frederick	26.12.1778
557	Dreyer	Friedrich	**Fürstenberg**	37699	1751	BAR	Jägercompany	11, 33	
558	Dreyer	Conrad Heinrich	Hessdorf		1757	2.Rec		**16, Canada**	17.07.1783
559	Dreyer	Johann	Brevenrode		1752	vRH	Major v. Lucke	07, New York	10.04.1781
560	Drincks	Andreas	Coburg	96450	1758	BAR	Leibcompany	11, 33	
561	Drohne	Christian	**Langelsheim**	38685	1744	RIE	Capt. v. Pöllnitz	(C), 11, 07, Virginia	01.09.1779
562	Dubien	Nicolaus	Clermont	F	1740	vRH	Obristlt. v. Ehrenkrook	07a, Canada	10.05.1780
563	Duc (le)	Joseph	Namur	B	1727	BAR	Capt. v. Geusau	07, Canada	28.05.1779
564	Duckenburg	Conrad	Ober Norf		1758	vRH	Leibcompany	07, Canada	10.02.1779
565	Dudloff	Johann Gottlieb	Erichswalde		1755	2.Rec		**16, Canada**	22.07.1783
566	Dünckel	Heinrich	Naumburg	06618	1747	vRH	Capt. Alers	11, 33	
567	Dürr	Valentin	Hubitzheim		1736	GRE	Capt. v. Löhneisen	07, Montreal	08.10.1776
568	**Düver (KA)**	Albrecht	**Braunschweig**	38100	1726	GRE	Capt. v. Schieck	(C), 11, 07, New York	02.05.1783
569	Düvert	Andreas	**Braunschweig**	38100	1762	SPE	Capt. v. Dahlstierna	(C), 11, 12, Kinderhook	23.10.1777
570	Düvert	Johann	**Braunschweig**	38100	1763	SPE	Capt. v. Dahlstierna	(C), 11, 12, Virginia	17.04.1779

#	Surname	Given Name	Birthplace	ID	Birth Year	Unit	Company	Location	Date
571	Dupenack	Carl	Görlitz	02826	1754	6.Rec			14.07.1783
572	Durdy	Matthias	Brabant		1753	3.Rec		**16, Canada**	25.06.1783
573	Duve	Friedrich	**Braunschweig**	38100	1758	vRH	Capt. v. Schlagenteufel	**16, Canada**	14.08.1777
574	Duvinett	Babtist	Franche Comte	F	1761	4.Rec		07, Trois Riviere, Can.	08.09.1782
575	Ebacher	Johann	Strasburg	17335	1755	BAR	Leibcompany	**12, Ile aux Noix, Can.**	01.07.1783
576	Ebeling	Martin	**Braunschweig**	38100	1730	GRE	Capt. v. Löhneisen	**16, Canada**	24.09.1776
577	Ebeling	Heinrich	**Herrhausen**	38723	1738	PFR	Obristlt. Pratorius	07, Montreal	
578	Ebeling	Zacharias	**Herrhausen**	38723	1734	vRH	Leibcompany	11, 33	
579	Ebeling	Sigmund	**Herrhausen**	38723	1752	vRH	Leibcompany	34	
580	Ebeling	Jürgen	**Bleckenstedt**	38226	1759	RIE	Leibcompany	34	
581	Ebeling	Carl	Botzen		1746	RIE	Capt. Morgenstern	(C), 11, 12, Virginia	31.10.1779
582	Ebeling	Heinrich	Wehrte		1740	SPE	Leibcompany	12a	
583	Eberhard	Johann	Bayreuth	95444	1758	vRH	Major von Lucke	(C), 11, 07, Winter Hill	04.02.1778
584	Eberhard	Franz	Heiligenstadt	37308	1755	SPE	Capt. v. Lützow	11,12, Frederick	27.12.1778
585	Ebers	Joseph	Heiligenbach		1746	SPE	Major v. Ehrenkrook	**16, Canada**	31.07.1783
586	Eberstein	Carl	Auerhahn		1759	BAR	Jägercompany	07, Ile aux Noix, Can.	27.10.1782
587	Ebert *(TB)*	Heinrich	Fritzlar	34560	1760	BAR	Capt. v. Geusau	07, 23, North Sea	03.06.1776
588	Ebert	Caspar	Wathirol		1750	3.Rec		11, 12a	
589	**Eckert (HO)**	Adam	Eisleben	06295	1743	BAR	Jägercompany	**16, Canada**	16.07.1783
590	Eckert	Adam	Meynungen		1746	vRH	Capt. Alers	06, Bennington	16.08.1777
591	Eckert	Georg	**Lutter**	38729	1764	SPE	Leibcompany	(C), 11, 12, Worcester	04.11.1777
592	Eckhard	Franz	Heiligenstadt	37308	1749	PFR	Leibcompany	(C), 11, 07, Cambridge	03.04.1778
593	Eckhard	Gottfried	Rothenhaus		1760	2.Rec		(C),11,07, Charlottesv.	15.07.1779
594	Eckstein	Jacob	Schwabach	91126	1765	vRH	Capt. v. Schlagenteufel	**16, Canada**	25.06.1783
595	Edeling	Bernhard	Ofenbach		1741	GRE	Capt. v. Löhneisen	06, Freeman's Farm	07.10.1777
596	Egelsmann	Eberhard	Hildesheim	31134	1749	BAR	Jägercompany	(C), 11, 12, Winter Hill	13.07.1778
597	Eggeling	Conrad	Klein Mahenot		1751	BAR	Capt. Dommes	06, Freeman's Farm	07.10.1777
598	Eggers	Julius	**Watenstedt**	38226	1744	GRE	Capt. v. Bärtling	06, Hubbardton	07.07.1777
599	Eggers	Johann	**Wolfenbüttel**	38304	1764	BAR	Capt. v. Geusau	11, Albany	
600	Ehlers	Heinrich	**Gittelde**	37534	1762	DRA	Major v. Meibom	(C), 11, 12, Winter Hill	19.05.1778
601	Ehlers	Johann	**Braunschweig**	38100	1748	GRE	Capt. v. Schieck	06, Bennington	16.08.1777
								11, 33	

#	Name		Place	ID	Year	Unit	Company	Location	Date
602	Ehlers	Julius	Sierße	38159	1738	RIE	Leibcompany	34	
603	Ehlers	Daniel	Watenstedt	38226	1758	RIE	Capt. v. Pöllnitz	07, La Prairie, Can.	30.08.1776
604	Ehlers	Heinrich	Wolfsburg	38440	1761	RIE	Vacant company	(C), 11, 12, Sofield	19.11.1778
605	Ehlers	Johann Conrad	Ohrum	38312	1763	2.Rec		16, Canada	18.07.1783
606	Ehloff	Johann	Gremmersen		1757	DRA	Obristlt. Baum	07, Canada	13.09.1777
607	Ehrecke	Georg	Hannover	30159	1740	RIE	Capt. Morgenstern	16, Canada	25.06.1783
608	Ehrenfort	Heinrich	Stiege	38889	1729	SPE	Leibcompany	07, 23, Quebec	31.07.1783
609	Ehrenkrook (OL)	Gustav v.	Wolfenbüttel	38304	1726	vRH		07, Trois Riviere, Can.	22.03.1783
610	Ehrichson	Heinrich	Lübeck	23552	1751	BAR	Jägercompany	07, Montreal	30.11.1776
611	Ehritz	Gottfried	Nordhausen	99734	1753	2.Rec		07, 23	02.09.1778
612	Eichenauer	Conrad	Lauterbach		1748	DRA	Generalmaj. v.Riedesel	11, 12	05.02.1779
613	Eickemeyer	Andreas	Kassel	37574	1745	SPE	Capt. v. Dahlstierna	34	
614	Eichenberg	Georg Gottfried	Naensen	34117	1748	2.Rec		16, Canada	23.07.1783
615	Eichmann	Johann	Markeldissen		1733	vRH	Capt. v. Schlagenteufel	34	
616	Eicke	Ludewig	Groß Steinum	38154	1740	RIE	Leibcompany	34	
617	Eicke (KA)	Friedrich	Staufenburg	34355	1747	BAR	Capt. v. Geusau	(C), 11, 12, Winter Hill	13.05.1778
618	Eickhoff	Johann Andreas	Delmissen		1758	vRH	Leibcompany	(C), 11, 12, Potomac	30.12.1778
619	Eimecke	Georg	Schöningen	38364	1756	BAR	Capt. Thomae	**(C), 11, 12, 05, 16, Can.**	23.07.1783
620	Einzeln (KA)	Johann	Würtenberg		1751	BAR	Capt. v. Geusau	11, 33	15.07.1777
621	Eisenberg	Johann	Weißenburg		1760	BAR	Capt. Dommes	06, Hubbardton	31.12.1778
622	Ellrich	Georg	Eichsfeld		1753	GRE	Capt. v. Schieck	(C), 11, 12, Yorktown	31.12.1778
623	Elmold	Heinrich	Haymburg		1764	BAR	Capt. Dommes	07, Montreal	12.11.1776
624	Elsner	Nicolaus	Magdeburg	39104	1754	PFR	Capt. Diedrichs	16, Canada	29.06.1783
625	Elster	Caspar	Windhausen	37539	1759	SPE	Leibcompany	(C), 11, 12, Winter Hill	03.07.1778
626	Elze	Ernst	Wenzen	37574	1757	BAR	Leibcompany	11, 33	
627	Emong	Jean	St. Onge	F	1759	BAR	Capt. Thomae	16, Canada	23.07.1783
628	Engel	Georg	Münchehof	38723	1747	BAR	Jägercompany	06, Freeman's Farm	07.10.1777
629	Engel	Georg	Nordheim		1751	BAR	Jägercompany	16, Canada	23.07.1783
630	Engelcke	Conrad	Groß Linde	19348	1749	PFR	Capt. v. Tunderfeld	11, 33	
631	Engelcke	Daniel	Hildesheim	31134	1759	SPE	Major v. Ehrenkrook	(C), 11, 12, Winter Hill	04.09.1778
632	Engelcke	Christoph	Altona	19294	1739	BAR	Capt. Thomae	(C), 11, 12, Winter Hill	31.05.1778

#	Surname	Given name	Place	ID	Year	Unit	Company	Location	Date
633	Engelcke	Christoph	**Hohlenberg**		1754	RIE	Capt. Morgenstern	(C), 11, Virginia	
634	Engeler	Diedrich	Woltenrode		1728	RIE	Capt. Morgenstern	11, *12a*	
635	Engelhard	Bernhard	**Burgdorf**	38272	1744	1.Rec		**16, Canada**	26.06.1783
636	Engelhard	Georg	Schlüsselburg		1741	SPE	Capt. v. Lützow	(C), 11, 12	19.10.1777
637	Engelhard	Wilhelm	**Neuburg**		1762	SPE	Capt. v. Dahlstierna	**12, Canada**	04.07.1781
638	Enger	Christoph	Alterode	06543	1747	vRH	Obristlt. v. Ehrenkrook	06,	14.10.1777
639	Entrott	Conrad	**Braunschweig**	38100	1764	vRH	Stab, (Staff)	(C), 11, 12, Cambridge	20.02.1778
640	Eppeler	Sebastian	München	80331	1754	2.Rec		07a, Canada	19.06.1782
641	Eppers	Ludewig Andreas	**Fümmelse**	38304	1729	GRE	Obristlt. v. Mengen	(C) 11, 07, Cambridge	14.11.1778
642	Eppers	Carl	**Wolfenbüttel**	38304	1754	SPE	Capt. v. Lützow	**12, Canada**	10.07.1783
643	Engelmann	Johann Gottfried	Sorau		1752	2.Rec		07, 23	31.08.1778
644	Erck	Andreas	Trautenthal		1758	3.Rec		**16, Canada**	23.07.1783
645	Erdmann	Peter	Arnstadt	99310	1748	BAR	Capt. Dommes	07, Canada	08.12.1782
646	Erdmann	Johann Peter	Almerode		1740	3.Rec		**16, Canada**	24.07.1783
647	Erdner	Joseph	Waldmünchen	93449	1738	3.Rec		**16, Canada**	29.07.1783
648	*Ernst (TB)*	Heinrich	**Tanne**	38875	1723	GRE	Capt. v. Schieck	11, 07	
649	Ernst	Andreas	**Dankelsheim**	37581	1763	vRH	Major v. Lucke	(C),11,12, New Hanover	24.12.1778
650	Ernst	Jürgen	**Dankelsheim**	37581	1760	vRH	Major v. Lucke	(C),11,12, New Hanover	24.12.1778
651	Ernst	Philipp	Coburg	96450	1766	BAR	Jägercompany	07, Yamasca, Can.	06.12.1776
652	Ernst	Christian	**Fümmelse**	38304	1765	BAR	Capt. Dommes	07, Canada	11.10.1776
653	Ernst	Christian Martin	**Fümmelse**	38304	1763	BAR	Capt. Dommes	(C), 11, 12, Virginia	04.01.1779
654	Eulers	Johann	Nörten	37176	1758	1.Rec		**16, Canada**	22.06.1783
655	Eulers	Johann	Lochstadt		1746	BAR	Jägercompany	11, 33	
656	Eulhard	August	Strausberg		1751	BAR	Jägercompany	07, St. Therise, Can	05.11.1776
657	Ewald	Wilhelm	Grelberg		1756	vRH	Capt. v. Schlagenteufel	07, Canada	10.08.1777
658	Eylers	Anton	**Negenborn**	37643	1737	vRH	Leibcompany	34	
659	Eylers	Christoph	**Negenborn**	37643	1750	RIE	Vacant company	11, 33	
660	Fabricius	Carl August	Berlin	10178	1753	4.Rec		**16, Canada**	23.07.1783
661	**Fach (FS)**	Georg	Wasungen	98634	1757	GRE	Obristlt. Breymann	(C), 11, 12, Winter Hill	13.05.1778
662	Fahlberg	Friedrich	**Beddingen**	38226	1742	PFR	Leibcompany	07, Quebec	25.08.1776
663	Falcke	Conrad	Landehausen		1760	DRA	Generalmaj. v. Riedesel	09, 06, Bennington	01.09.1777

#	Surname	Given name	Place	ID	Year	Unit	Rank/Company	Location	Date
664	Fasselabend	Anton	Cölln	50667	1761	RIE	Capt. v. Pöllnitz	08, Fort Edwards	11.08.1777
665	Faust	Friedrich	Lauterbach	99974	1759	GRE	Capt. v. Schieck	**12, Canada**	10.07.1783
666	Fehrenschild	Johann	Mühlhausen	37603	1754	BAR	Leibcompany	11, 33	
667	Felis	Jürgen	**Holzminden**	37345	1746	GRE	Obristtt. Mengen	(C), 11, 12	21.10.1777
668	Felix	Johann	**Gerode**	38226	1764	vRH	Leibcompany	07, 23	07.09.1776
669	Femmeling	Heinrich	Salzgitter		1756	PFR	Obristtt. v. Hille	**12, Canada**	29.07.1783
670	Ferbitz	Johann	Thorn		1756	3.Rec		**16, Canada**	24.07.1783
671	Ferniges	Heinrich	Freyenstein	16918	1757	DRA	Generalmaj. v.Riedesel	(C), 11, 7b, Cambridge	01.05.1778
672	Fessel	Friedrich Christ.	**Hasselfelde**	38899	1744	SPE	Capt. v. Dahlstierna	07, Hospital	13.09.1777
673	Fiedler	Gottlieb	**Zorge**	37449	1757	RIE	Obrist v. Speth	07, Canada	14.10.1778
674	Fiedler	Andreas	Eichsfeld		1743	RIE	Obrist v. Speth	**16, Canada**	26.06.1783
675	Fiedler	Andreas	**Halle**	37620	1743	4.Rec		(C), 11, 07, Charlestown	13.05.1781
676	Fiedler	Caspar	**Harzburg**	38667	1761	SPE	Capt. v. Lützow	07, Stillwater	17.10.1777
678	Fieweg	Georg	Schernberg	99713	1746	RIE	Leibcompany	(C), 11, 12, Virginia	09.03.1779
679	Finsterwald	Johann	Hamburg	20095	1756	RIE	Vacant company	**16, Canada**	01.07.1783
680	**Fischer (KA)**	Conrad	**Blankenburg**	38889	1735	GRE	Capt. v. Löhneisen	(C), 11, 07, Cambridge	30.12.1777
681	Fischer	Ferdinand	Gummersbach	51643	1759	DRA	Major v. Meibom	07, Canada	03.09.1776
682	Fischer	Heinrich	Osterode	37520	1723	PFR	Capt. v. Tunderfeld	07, Canada	12.10.1781
683	Fischer	Wilhelm	**Königslutter**	38154	1754	vRH	Obristlt. v. Ehrenkrook	(C), 11, 12	24.10.1777
684	Fischer	Christian	**Negenborn**	37643	1743	vRH	Major v. Lucke	07, 23	13.09.1776
685	Fischer	Conrad	Besse	34295	1763	RIE	Leibcompany	(C), 11, 12, Winter Hill	10.04.1778
686	Fischer	Ernst	**Hohegeiß**	38700	1757	SPE	Capt. v. Plessen	34	
687	Fischer	Heinrich	**Stadtoldendorf**	37627	1762	SPE	Capt. v. Lützow	(C), 11, 12, Nobleton	20.10.1777
688	Fischer	Conrad	Krumpenheim		1761	BAR	Leibcompany	07, 23	17.09.1776
689	Fischer	Johann	**Königslutter**	38154	1759	BAR	Capt. Thomae	07, Montreal	09.12.1776
690	Fischer	Caspar	Würzburg	97070	1757	2.Rec		17, 07, 1782	17.07.1782
691	Fischer	Johann Christoph	Konissen		1763	5.Rec		**12, Canada**	23.07.1783
692	Fischer	Conrad	Schlerbeck		1766	BAR	Leibcompany	**16, Canada**	07.10.1776
693	Fischer	Andreas	**Fümmelse**	38304	1764	BAR	Leibcompany	07, Canada	21.01.1777
694	Fleischer	Andreas	Plute		1739	2.Rec		07, St. Francois, Can.	28.07.1783
695	Fleischmann	Georg	**Braunlage**	38700	1759	vRH	Leibcompany	**16, Canada**	30.11.1778

#	Surname	First Name	Place	ID	Year	Unit	Officer	Location	Date
696	Flemme	Christoph	Nordheim	68647	1757	SPE	Major v. Ehrenkrook	**16, Canada**	02.08.1783
697	Flemming	Christian	Wederstedt		1736	GRE	Capt. v. Bärtling	(C), 11, 12, Winter Hill	29.11.1777
698	Flentje	Friedrich	Herrhausen	38723	1749	RIE	Obrist v. Speth	(C), 11, 12, Winter Hill	08.04.1778
699	Flicke	Georg	**Wolfenbüttel**	38304	1755	BAR	Capt. Dommes	(C), 11, 12, Potomac	30.12.1778
700	Fliess	Johann Peter	**Deensen**	37627	1761	2.Rec		07, Canada	28.07.1778
701	Flöhe	Christian	**Klein Rhüden**	38723	1758	BAR	Capt. v. Geusau	06, Hubbardton	07.07.1777
702	Föhr	Christian	**Braunschweig**	38100	1749	GRE	Obristlt. Breymann	(C), 11, 12, Winter Hill	09.06.1778
703	Föhr	Hans	Keigholm	DK	1743	2.Rec		**16, Canada**	24.07.1783
704	Förster	Georg Heinrich	Hollenbach	99976	1753	3:Rec		07, Canada	04.06.1780
705	Fohne	Anton	Kaiserswerth	40489	1753	SPE	Capt. v. Lützow	(C),11,12,Great Barringt	25.10.1777
706	Foser	Sebastian	Weittendorf	A	1759	3:Rec		**12, (16), Canada**	27.07.1783
707	Foss	Friedrich Wilhelm	Potsdam	14467	1759	2:Rec		07, Canada	17.09.1780
708	Francke	Heinrich	**Scheppau**	38154	1751	DRA	Obristlt. Baum	11, Albany	20.08.1777
709	Francke	Christian	**Braunschweig**	38100	1757	vRH	Major v. Lucke	(C), 11, 12, Winter Hill	10.10.1777
710	Francke	Michael	**Uthmöden**	39345	1764	SPE	Capt. v. Plessen	12	
711	Francke	Johann	**Münchehof**	38723	1729	SPE	Capt. v. Plessen	34	
712	Francke	Johann Heinrich	Strelitz		1757	1.Rec		**16, Canada**	27.07.1783
713	Francke	Johann	**Lauingen**	38154	1747	BAR	Capt. v. Geusau	11, 33	
714	Francke	Johann	Hannover	30159	1759	1.Rec		07, Canada	09.07.1783
715	Francke	Peter	Ferstell		1755	3.Rec		**16, Canada**	24.07.1783
716	Franckenfeld	Georg	**Ampleben**	38170	1741	2.Rec		07, Canada	23.11.1778
717	Francisca	Caspar	Naumdorf		1762	2.Rec		**12, Canada**	23.07.1781
718	Franz	Johann Ernst	Bodenfelde	37194	1762	3.Rec		**16, Canada**	20.06.1783
719	Frass	Heinrich	Treffurt	99830	1762	3.Rec		07, 23	28.05.1779
720	**Fredersdorf (C)**	Wilhelm	Wernigerode	38855	1742	vRH	Obristlt. v. Ehrenkrook	09, 06, Albany	28.10.1777
721	Frees	Heinrich	Einbeck	37574	1758	PFR	Obristlt. v. Hille	**16, Canada**	29.07.1783
722	Freund	Adam	Mehrstedt	99994	1760	BAR	Jägercompany	11, 12 New York	00.00.1780
723	Freund	Daniel	Tütißen		1749	BAR	Leibcompany	**16, Canada**	04.07.1783
724	**Freyenhagen(LT)**		Liebholzbergen		1747	RIE	Capt. v. Pöllnitz	07, Trois Riviere	09.11.1776
725	Freymuth	Sigmund	Freystadt		1746	3. Rec		**12, Canada**	04.05.1783
726	Freyse	Heinrich Conrad	**Reilefzen**	37639	1743	6.Rec		07, 23	06.06.1782

#	Surname	Given name	Place	ID	Year	Unit	Rank	Location	Date
727	**Freytag (SG)**	Conrad	Wernigerode	38855	1742	vRH	Obristlt. v. Ehrenkrook	(C), 11, 07, Winter Hill	09.11.1777
728	Fricke	August	**Wolfenbüttel**	38304	1756	vRH	Obristlt. v. Ehrenkrook	(C), 11, 12, Winter Hill	24.07.1778
729	*Fricke (PF)*	Wilhelm	**Wolfenbüttel**	38304	1756	GRE	Capt. v. Bärtling	11, 33 Cambridge	
730	Fricke	Heinrich	**Langelsheim**	38685	1761	DRA	Major v. Meibom	(C), 11, 07, Boston	24.06.1778
731	Fricke	Eberhard	Lochtungen	38176	1754	PFR	Capt. Diedrichs	**16, Canada**	29.07.1783
732	Fricke	Anton	**Bortfeld**	38100	1754	vRH	Capt. Diedrichs	07, Canada	12.07.1777
734	Fricke	Heinrich	**Braunschweig**	38100	1755	vRH	Capt. Alers	**16, Canada**	25.07.1783
735	Fricke	Andreas	**Braunschweig**	38100	1757	vRH	Capt. Alers	34	
736	Fricke	Georg	Hildesheim	31134	1740	RIE	Capt. v. Pöllnitz	(C), 11, 12, N.Hanover	24.12.1778
737	Fricke	Christian	Einum	31135	1758	SPE	Leibcompany	(C), 11, 12, Virginia	23.08.1779
738	Fricke	Ludewig	Andreasburg	59909	1740	SPE	Major v. Ehrenkrook	(C), 11, 07, Cambridge	20.09.1778
739	Fricke	Jacob Christian	**Flechtorf**	38165	1733	SPE	Major v. Ehrenkrook	34	
740	Fricke	Friedrich	Gröningen	39397	1755	SPE	Capt. v. Dahlstierna	07, Montreal	10.06.1777
741	Fricke	Friedrich	**Lutter am Berge**	38729	1761	5.Rec		**16, Canada**	25.06.1783
742	Fricke	Johann Heinrich	**Harxbüttel**	38110	1763	6.Rec		**12, Canada**	27.05.1783
743	Fricke	Carl	**Volkerode**	37308	1765	vRH	Stab, (Staff)	**12, Canada**	17.10.1777
744	Fricke	Peter	**Bahrdorf**	38459	1730	vRH	Leibcompany	(C), 11, 12, York	23.12.1778
745	Friedenreich	Christian	Grunstadt		1753	GRE	Capt. v. Löhneisen	11, 33	16.08.1777
746	Friedrich	Adam	Neustadt	64747	1753	BAR	Capt. v. Geusau	07b, Lac St.Pierre, Can.	1901.1779
747	Friedrichs	Adam	Haberloh	27299	1756	DRA	Major v. Meibom	07, Quebec	20.07.1776
748	Friedrichs	Andreas	**Thiede**	38239	1762	GRE	Capt. v. Löhneisen	07, Montreal	07.08.1776
749	Friedrichs	Phillipp	Mumpfeld		1746	GRE	Capt. v. Löhneisen	06, Freeman's Farm	07.10.1777
750	Friedrichs	Johann Heinrich	**Burgdorf**	38272	1763	1.Rec		07, St.Charles, Can.	10.12.1778
751	Friedrichs	Heinrich	**Braunschweig**	38100	1742	vRH	Capt. v. Schlagenteufel	11, 33	07.07.1777
752	Friedrichs	Johann Adam	Erichshausen		1759	BAR	Capt. v. Geusau	06, Hubbardton	07.07.1777
753	Frölich	Johann	**Wolfen**	38304	1760	2.Rec		07b, Lac St.Pierre, Can.	19.01.1779
754	Frobarth	Heinrich	**Ahlum**	38302	1750	vRH	Capt. Alers	07, Quebec	24.11.1776
755	Froböse	Andreas	**Helmstedt**	38350	1752	PFR	Leibcompany	07, Quebec	05.07.1783
756	Fromme	Gottfried	Pforten	07545	1755	1.Rec		**16, Canada**	23.07.1783
757	Fromme	Johann	Röhrnigen		1764	SPE	Capt. v. Lützow	07, Ticonderoga	22.07.1777
758	Frühling	August	**Braunschweig**	38100	1756	GRE	Capt. v. Löhneisen	(C), 11, 12, Winter Hill	00.07.1778

#	Surname	Given name	Place	ID	Born	Unit	Rank/Company	Notes	Date
759	Fuchs	Johann	Kothmannsdorf		1761	2.Rec		**12, Canada**	10.07.1783
760	Fuhrling	Johann	Groß Flöte	23970	1737	PFR	Capt. Diedrichs	07, Quebec	28.08.1776
761	Fuhrmann	Conrad	Neustadt		1763	GRE	Obristlt. Breymann	06, Freeman's Farm	07.10.1777
762	Fuhrmann	Heinrich Andreas	Bindheim		1745	vRH	Obristlt. v. Ehrenkrook	34	
763	Fuhrmann	Johann	**Harzburg**	38667	1751	RIE	Leibcompany	07, Canada	20.10.1777
764	Fuhrmann	Johann	Berlin	10178	1746	2.Rec		**16, Canada**	10.07.1783
765	Fuhrmann	Georg Samuel	Fritzen		1748	2.Rec		**16, Canada**	25.07.1783
766	**Fügerer (FP)**		**Garlebsen**	37547	1748	PFR	Stab, (Staff)	15	17.10.1779
767	Fütterer	Georg	Müncherode		1746	5.Rec		**16, Canada**	26.06.1783
768	Funcke	Zacharias	**Grasleben**	38368	1751	GRE	Obristlt. v. Mengen	11, 33	
769	Funcke	Christian	Dünkelbern		1739	PFR	Leibcompany	07, Ticonderoga	26.07.1777
770	Funcke	Ludewig	**Calvörde**	39359	1751	SPE	Leibcompany	09, 06, Bemis Height	08.10.1777
771	Funcke	Johann Heinrich	**Lichtenberg**	38226	1739	SPE	Major v. Ehrenkrook	11, 33	
772	Gabriel	Friedrich	Strasburg	17335	1759	1.Rec		**16, Canada**	23.07.1783
773	Gabriel	Ferdinand	Dorstadt	37520	1757	2.Rec		**16, Canada**	26.07.1783
774	Gade	Christian	**Wendeburg**	38176	1754	GRE	Capt. v. Schieck	11	
775	Gärtner	Johann	Clausthal	38678	1743	BAR	Jägercompany	11, 33	
776	Galland	Joseph	Hotang		1737	RIE	Leibcompany	**16, Canada**	01.07.1783
777	Gallmeyer	Andreas	**Schladen**	38315	1760	DRA	Generalmaj.v.Riedesel	06, Bennington	16.08.1777
778	Galloix	Charles	Dyon		1740	SPE	Capt. v. Lützow	07, 23	15.09.1776
779	Gangi	Louis	Paris	F	1742	PFR	Leibcompany	**16, Canada**	29.07.1783
780	Ganglott	August	**Wolfenbüttel**	38304	1757	RIE	Capt. v. Pöllnitz	(C), 11, 12, Winter Hill	27.07.1778
781	Gasten	Heinrich	**Gandersheim**	37581	1750	SPE	Capt. v. Dahlstierna	(C), 11, 07, Virginia	23.10.1779
782	Gastens	Christian	Grabe		1757	SPE	Capt. v. Dahlstierna	07, 23	13.02.1779
783	Gauers	Andreas	Campen		1754	DRA	Capt. v. Meibom	**16, Canada**	25.05.1783
784	Gauers	Johann	Oppenrode		1750	DRA	Obristlt. Baum	11, Boston	
785	Gazzemann	Johann	**Stiege**	38899	1761	DRA	Leibcompany	07, Trois Riviere, Can.	27.11.1776
786	Gazzemann	Andreas	**Stiege**	38899	1742	DRA	Leibcompany	34	
787	Gebbers	Heinrich Christ.	**Braunschweig**	38100	1756	DRA	Generalmaj.v.Riedesel	09, 06, Bennington	22.08.1777
788	Gebbers	Wilhelm	**Süpplingen**	38373	1751	DRA	Obristlt. Baum	11, Albany	
789	Gebbers	Heinrich	**Uehrde**	38170	1747	RIE	Capt. v. Pöllnitz	(C), 11, 07, Cambridge	08.08.1778

Index, The Brunswick Troops in North - America 1776 - 1783

#	Surname	Given	Birthplace	ID	Year	Unit	Rank/Company	Location	Date
790	Gebhard	Johann	Hettenhausen	36129	1733	GRE	Capt. v. Schieck	34	
791	Geese	Rudolf	**Braunschweig**	38100	1748	SPE	Capt. v. Dahlstierna	(C), 11, 07, Cambridge	16.07.1778
792	Geffers	Ludewig	**Braunschweig**	38100	1752	DRA	Obristlt. Baum	(C), 11, 12, Winter Hill	15.09.1778
793	Gehrmann	Ludewig	Güntersberg		1752	PFR	Obristlt. v. Hille	07, St. Antoine, Can	16.07.1778
794	Geiger	Joseph	*Deutsch Böhmen*		1747	2.Rec		07, Fort St.Jean, Can.	16.06.1780
795	Geiss	Casimir	Meiningen	98617	1760	2.Rec		07, 23	13.08.1778
796	Geissmer	Bernhard	**Timmerlah**	38120	1750	SPE	Capt. v. Dahlstierna	11, 33	
797	Gelpcke	Gottlieb	Zerbst	39261	1756	GRE	Obristlt. v. Mengen	**12, Canada**	14.07.1783
798	Geltsch	Johann	Schwabach		1755	3.Rec		07, Canada	30.09.1780
799	Gennericke	Christoph	**Grafhorst**	38462	1745	GRE	Capt. v. Löhneisen	(C), 11, 07, Brockfield	16.10.1779
800	Gentheler	Anton	Neumark		1761	2.Rec		**16, Canada**	29.07.1783
801	Gerbig	Wilhelm	Obersdorf, Schlies.		1760	5.Rec		**16, Canada**	22.06.1783
802	Gerecke	Georg	**Braunschweig**	38100	1738	PFR	Capt. v. Tunderfeld	07, Stillwater	27.09.1777
803	Gerecke	Werner	Frankenberg	35066	1738	vRH	Capt. Alers	(C), 11, 07, Cambridge	29.11.1778
804	Gerecke	Johann	Frankenberg	35066	1761	vRH	Capt. Alers	(C), 11, 33	
805	Gerecke	Heinrich	**Lesse**	38226	1759	RIE	Obrist v. Speth	(C), 11, 12, York	23.12.1778
806	Gerecke	Heinrich	**Neubrück**	38176	1741	RIE	Capt. Morgenstern	(C), 11, 33	
807	Gerecke	Friedrich	**Groß Rhüden**	38723	1763	SPE	Capt. v. Dahlstierna	07, Carillion	15.07.1777
808	Gerecke	Christoph	**Groß Rhüden**	38723	1748	SPE	Capt. v. Dahlstierna	06, Freeman's Farm	07.10.1777
809	Gerecke	Friedrich	**Kreiensen**	37547	1747	BAR	Jägercompany	**16, Canada**	23.07.1783
810	Gerecke	Christian	**Kreiensen**	37547	1751	BAR	Jägercompany	**16, Canada**	23.07.1783
811	Geringer	Thomas	Lautershausen		1760	2.Rec		07, Canada	23.10.1778
812	Gerlach	Johann Georg	Freystadt, Schles.		1748	2.Rec		**16, Canada**	26.07.1783
813	Gerloff	Gottfried	**Blankenburg**	38889	1753	SPE	Capt. v. Dahlstierna	34	
814	Gerner	Friedrich	Eisenach	99817	1750	PFR	Obristlt. v. Hille	**16, Canada**	29.07.1783
815	Gersky	Joseph	Schönberg		1759	4.Rec		**12, Charlestown**	02.04.1781
816	Gerlig	Carl	Berlin	10178	1760	4.Rec		**16, Canada**	02.08.1783
817	Gesse	Johann	Endorf	06333	1761	BAR	Capt. v. Geusau	11, 33	
818	Gessler	Samuel	Sangerhausen	06526	1758	1.Rec		**16, Canada**	29.07.1783
819	Geyer	Friedrich	**Dettum**	38173	1751	RIE	Leibcompany	07, Canada	
820	**Geyse v. (C)**	Wilhelm	Gudensburg		1754	BAR	Jägercompany	11, 33	00.10.1779

#	Surname	Given Name	Place	ID	Year	Unit	Rank/Company	Location	Date
821	Geyser	Adam	Ellenberg	34302	1759	vRH	Major v. Lucke	(C), 11, 12, Winter Hill	28.03.1778
822	*Gideon (TB)*	Heinrich	Erfurt	99084	1753	DRA	Obristtt. Baum	(C), 11, 12, Winter Hill	03.06.1778
823	Gibeler	Christian	Ostheim		1756	SPE	Capt. v. Plessen	07, St.Pierre, Can.	20.12.1776
824	Giesecke	Heinrich	**Braunschweig**	38100	1760	PFR	Obristtt. Pratorius	07,Riviere du Loop,Can.	26.03.1777
825	Giesecke	Peter	**Rottorf**	38154	1746	PFR	Capt. v. Tunderfeld	07, Canada	04.08.1782
826	Giesecke	David	Halberstadt	38820	1757	SPE	Major v. Ehrenkrook	(C), 11, 12, Winter Hill	19.05.1778
827	Gieseler	Andreas	Diedrichsdorf		1752	GRE	Capt. v. Schieck	06, Bennington	16.08.1777
828	**Giesicus (KA)**	Johann Diedrich	Unna	59423	1757	BAR	Leibcompany	(C), 11, 12, Winter Hill	12.05.1778
827	Giessel	Adolf	Böttnigerode		1753	SPE	Capt. v. Plessen	07, Freeman's Farm	27.09.1777
828	Giesser	Heinrich Ernst	Dresden	01067	1759	RIE	Leibcompany	12, Freeman's Farm	07.10.1777
829	Gille	Christoph Lorenz	**Allrode**		1756	PFR	Obristtt. v. Hille	07, Berthier, Can.	26.01.1778
830	Gille	Friedrich	Uslar	37170	1756	1.Rec		**16, Canada**	24.06.1783
831	Gille	Johann Friedrich	Zeltgeinnerfeld		1756	3.Rec		07, Montreal	01.02.1780
832	**Gittner (W)**	Christoph	**Schöningen**	38364	1733	DRA	Obristtt. Baum	07, Quebec	20.09.1776
833	Glackemeyer	Friedrich	Hannover	30159	1761	1.Rec		**16, Canada**	25.06.1783
834	Gläser	Christoph	Saalfeld		1758	BAR	Leibcompany	11, 10	
835	Glander	Johann	**Thedinghausen**	27321	1750	SPE	Leibcompany	(C), 11, 07, Virginia	09.05.1779
836	Glaser	Johann	Deversdorf		1751	BAR	Capt. Dommes	**16, Canada**	23.07.1783
837	Gleichmann	Christoph	**Braunlage**	38700	1754	GRE	Capt. v. Löhneisen	11, 33	
838	Gleichmann	Friedrich	**Braunlage**	38700	1743	BAR	Capt. Thomae	11, 33	
839	**Gleissenberg (C)**					BAR	Leibcompany		
840	Gleitz	Christian	**Braunschweig**	38100	1736	PFR	Capt. Diedrichs	07, Belloville	31.06.1780
841	Glitz	Michael	Landenhausen	36367	1752	DRA	Obristtt. Baum	11, 12	20.06.1781
842	Glue	Christian	**Wolfenbüttel**	38304	1761	DRA	Leibcompany	06, Bennington	16.08.1777
843	Göckel	Julius	**Lichtenberg**	38226	1749	RIE	Leibcompany	(C), 11, 12, Simmsbury	20.11.1778
844	Göckel	Conrad	Darmstadt	64283	1749	RIE	Leibcompany	11, 12a	
845	**Göde, (SG)**	David	**Braunschweig**	38100	1741	SPE	Leibcompany	07, Carillion	30.07.1777
846	**Gödecke (KAS)**		Peine	31228	1724		General Stab (Staff)	07. Trois Riviere	27.11.1776
847	Gödecke	Heinrich	**Alversdorf**		1762	DRA	Generalmaj.v.Riedesel	07, Quebec	20.08.1776
848	Gödecke	Andreas	**Alversdorf**		1763	DRA	Generalmaj.v.Riedesel	09, 06, Bennington	23.08.1777
849	Gödecke	Julius	**Stiddien**	38122	1762	vRH	Obristtt. v. Ehrenkrook	07, 23	24.06.1776

#	Surname	Given name	Place	ID	Year	Unit	Rank/Company	Location	Date
850	Gödecke	Heinrich	**Stöckheim**	38124	1743	2.Rec		**16, Canada**	18.07.1783
851	Göhmann	Jürgen	**Kirchbraak**	37619	1751	PFR	Obristlt. v. Hille	07, Berthier, Can.	12.01.1778
852	Görges	Johann Conrad	**Hohlenberg**		1723	SPE	Capt. v. Dahlstierna	07, Pointe au Lac	02.11.1782
853	Görges	Johann	**Hohlenberg**		1748	SPE	Capt. v. Dahlstierna		
854	Görsch	Andreas	Brandenburg	14776	1758	6.Rec		34	03.03.1783
855	Göttemann	Friedrich	Litauen		1743	GRE	Obristlt. v. Mengen	**12, Canada**	24.07.1778
856	Götze	Andreas	Arenshausen	37318	1747	SPE	Capt. v. Plessen	**16, Canada**	24.07.1783
857	**Götze (FS)**	Gottfried	Köppenitz		1756	1.Rec		**16, Canada**	25.06.1783
858	Götze	Conrad	**Thiede**	38239	1742	SPE	Capt. v. Plessen	(C), 11, Virginia	
859	Göhse	Christoph	**Wolfenbüttel**	38304	1744	GRE	Obristlt. v. Mengen	**16, Canada**	16.07.1783
860	Graefe	Heinrich	**Voldagsen**	37574	1752	SPE	Capt. v. Plessen	11, 12, Worcester	14.11.1778
861	Graff	Johann	Arensberg	37318	1765	GRE	Obristlt. v. Mengen	(C), 11, 12, Winter Hill	12.04.1778
862	Graff	Heinrich	Hofen		1737	PFR	Capt. v. Tunderfeld	(C), 11, 12, Winter Hill	26.05.1778
863	Grahn	Friedrich	**Jerxheim**	38381	1754	SPE	Capt. v. Lützow	11, 33	
864	Grall	Gottfried	Daßau		1740	SPE	Capt. v. Plessen	07, Ticonderoga	06.08.1777
865	Grass	Heinrich	Gotha	99867	1745	SPE	Capt. v. Lützow	07, Ticonderoga	00.00.1777
866	Graue	Nicolas	Alt Münster		1761	2.Rec		**16, Canada**	25.06.1783
867	Greiff	Ernst	Oldenburg	26121	1755	BAR	Jägercompany	11, 33	
868	Grell	Thomas	Breitenstein		1760	BAR	Capt. Dommes	11, 33	
869	Grell	Johann Georg	Ritzenbüttel	27809	1741	2.Rec		07, 23	20.08.1778
870	Gremmers	Heinrich	**Braunschweig**	38100	1742	RIE	Capt. Morgenstern	(C), 11, 12, N.-Hanover	24.12.1778
871	Gretzer	Julius	Zellerfeld	38678	1745	BAR	Jägercompany	06, Bennington	16.08.1777
872	Griesbach	Johann	Clausthal	38678	1752	2.Rec		07, Canada	04.03.1779
873	**Grimm (CA)**	August	**Braunschweig**	38100	1741	RIE	Capt. Morgenstern	(C), 11, 12, Winter Hill	26.05.1778
874	Grimm	Martin	**Braunschweig**	38100	1759	vRH	Leibcompany	(C), 11, 12, Winchester	03.02.1781
875	Grimm	Andreas	**Hohegeiß**	38700	1743	vRH	Obristlt. v. Ehrenkrook	(C), 11, 12, Potomac	30.12.1778
876	Grimm	Christian	**Hohegeiß**	38700	1756	SPE	Leibcompany	11, 12a	
877	Grimm	Andreas	Kattenstedt		1754	SPE	Capt. v. Lützow	(C), 11, 07, Cambridge	19.02.1778
878	Grimm	Johann Georg	Stade	21680	1753	2.Rec		**16, Canada**	27.07.1783
879	Grimmig	Johann Andreas	Merseburg	06217	1762	2.Rec		**12, Canada**	15.04.1779
880	Grimpe	Andreas	**Wienrode**	38889	1762	vRH	Obristlt. v. Ehrenkrook	**12, Canada**	31.07.1780

Index, The Brunswick Troops in North - America 1776 - 1783

#	Surname	Given name	Place	ID	Year	Unit	Company	Location	Date
881	Gröpe	Christoph	Schlewecke	38667	1744	BAR	Leibcompany	16, Canada	29.07.1783
882	**Gropengies.(KA**	Conrad	**Süpplingenburg**	38376	1755	SPE	Major v. Ehrenkrook	(C),11,12,N.-Providence	16.12.1778
883	Grosse	Andreas			1744	vRH	Capt. v. Schlagenteufel	07, St. Croix	08.01.1777
884	Grosse	David	Dresden	01067	1735	SPE	Major v. Ehrenkrook	(C), 11, 12, Winter Hill	15.04.1778
885	Grosse	Johann Christoph	Endorf	06333	1764	BAR	Capt. v. Geusau	07, St. Francois	06.12.1776
886	**Grote (KA)**	Christian	**Walkenried**	37445	1753	GRE	Capt. v. Schieck	**12, Canada**	30.04.1783
887	Grote	Heinrich	**Semmenstedt**	38327	1742	GRE	Obristlt. v. Mengen	34	
888	Grotefend	Julius	**Rautheim**	38126	1750	DRA	Leibcompany	11, 33	
889	Grotefend	Jürgen	**Herode**	37359	1758	GRE	Capt. v. Bärtling	(C), 11, 12, Winter Hill	12.07.1778
890	Grotefend	Peter	**Herode**	37359	1757	GRE	Capt. v. Bärtling	(C), 11, 12, Winter Hill	13.07.1778
891	Grotewahl	Andreas	**Braunschweig**	38100	1754	RIE	Leibcompany	(C), 11, 12, Cambridge	09.11.1778
892	Groteworth	Heinrich	**Groß Schwülper**	38179	1741	BAR	Capt. v. Geusau	07b, Lac St. Pierre	19.01.1779
893	Gründeler	Friedrich	Seweißen		1757	PFR	Obristlt. v. Hille	29.07.1783	
894	Grüne	Conrad	Engelade	38723	1753	DRA	Major v. Meibom	11, Templetown	
895	Grüne	Christoph	**Wolfenbüttel**	38304	1726	GRE	Capt. v. Bärtling	11, 12a	
896	Grüne	Heinrich	**Gittelde**	37534	1761	RIE	Capt. v. Pöllnitz	34	
897	Grüne	Jacob	Elbingen		1755	5.Rec	Leibcompany	16, Canada	30.06.1783
898	Grünebach	Johann	Heerdorf		1765	vRH		12	22.10.1777
899	**Grünhagen (FS)**	August v.	**Braunschweig**	38100	1747	SPE	Major v. Ehrenkrook	07, Canada	22.07.1777
900	Grünkorn	David	**Wolfenbüttel**	38304	1757	DRA	Obristlt. Baum	06, Bennington	16.08.1777
901	Grupe	Heinrich	Oldenburg	26122	1748	DRA	Leibcompany	07a, Canada	25.12.1782
902	Gude	Johann Gottfried	Sachsen		1748	5.Rec		07, New York	08.10.1781
903	Gude	Georg	Bodenfelde	37194	1757	6.Rec	Vacant company	**12, Penobscott, Can.**	14.07.1783
904	Gue	Johann	Hildesheim	31134	1755	RIE	Generalmaj.v.Riedesel	**16, Canada**	01.07.1783
905	Günther	Heinrich	**Söllingen**	38387	1737	DRA	Obristlt. v. Mengen	07, Quebec	23.10.1780
906	Günter	Friedrich	**Königslutter**	38154	1736	GRE	Capt. v. Plessen	11, 33	
907	Günter	Heinrich	**Söllingen**	38387	1751	SPE	Capt. v. Geusau	11, 33	
908	Günter	Jacob	Fritzlar	34560	1740	BAR		11, 33	
909	Günter	Johann	Gläsensdorf		1747	3.Rec		**12, Canada**	26.05.1783
910	**Gummert (KA)**	Christian	**Königslutter**	38154	1750	vRH	Capt. Alers	11, 12, Frederick	29.12.1778
911	Gummert	Zacharias	**Königslutter**	38154	1747	vRH	Capt. Alers	(C), 11, 32	23.01.1781

Index, The Brunswick Troops in North - America 1776 - 1783

#	Name	First Name	Place	ID	Year	Unit	Rank	Location	Date
912	**Gundermann(SG**	Friedrich	**Rottorf**	38154	1746	PFR	Capt. v. Tunderfeld	07, Canada	04.08.1782
913	Güntermann	Joseph	Heyden		1759	1.Rec		**16, Canada**	25.06.1783
914	Gusmann	Ernst	Lüdenhorst		1757	RIE	Capt. v. Pöllnitz	(C), 11, 12, Springfield	31.10.1777
915	Gustedt	Heinrich	**Dettum**	38173	1743	SPE	Leibcompany	(C), 11, 12, Cambridge	30.08.1778
916	**Gutke (St.FS.)**	Johann Friedrich	Frankfurt a. d. Oder	15232	1743	3.Rec		**12, Canada**	23.07.1783
917	Guth	Friedrich	**Halle**	37620	1755	6.Rec		**12, Canada**	22.07.1783
918	**Haacke (SG)**	August	**Wolfenbüttel**	38304	1748	BAR	Jägercompany	09, 06, Albany	00.10.1777
919	Haacke	Florian	**Braunschweig**	38100	1752	vRH	Capt. Alers	11, 33	
920	Haacke	Heinrich	**Braunschweig**	38100	1758	BAR	Capt. v. Geusau	34	
921	Haagen	David	Hamburg	20095	1765	BAR	Capt. Dommes	(C), 11, 12, Winter Hill	20.11.1777
922	Haarig	Friedrich	**Dettum**	38173	1743	vRH	Major v. Lucke	07, Trois Riviere	20.08.1777
923	**Haase (C)**	Ludewig	**Braunschweig**	38100	1754	vRH	Capt. Alers	11, 12a	
924	Haase	Wilhelm	**Bodenwerder**	37619	1735	vRH	Capt. v. Schlagenteufel	06, Freeman's Farm	07.10.1777
925	Haase	Anton	**Braunschweig**	38100	1758	vRH	Capt. Alers	(C), 11, 12, Winter Hill	05.05.1778
926	Haase	Georg	Spielberg		1743	SPE	Capt. v. Plessen	34	
927	Haase	Christoph	**Braunschweig**	38100	1753	SPE	Capt. v. Plessen	34	
928	Habeney	Conrad	**Grane**		1738	SPE	Leibcompany	11, 33	
929	Habermann	Jürgen Paul	Gotha	99867	1763	3.Rec		**12, Canada**	23.07.1781
930	Hacke	Gottfried	Geisritz		1749	SPE	Capt. v. Plessen	(C), 11, 07, Virginia	00.00.1781
931	Hadersold	Johann	**Braunschweig**	38100	1743	GRE	Capt. v. Löhneisen	(C), 11, 12, Cambridge	16.08.1778
932	Haeberle	Johann	Grunde		1757	SPE	Capt. v. Dahlstierna	(C), 11, 12, York	23.12.1778
933	Haeberlein	Matthias	Eichstedt	39596	1762	1.Rec		**16, Canada**	23.07.1783
934	Haemel	Johann	Bemerode	30539	1760	DRA	Obristlt. Baum	**12, Canada**	
935	**Hagemann (FN)**	Leopold	**Blankenburg**	38889	1763	BAR	Capt. Dommes	06, Bennington	16.08.1777
936	Hagemann	Arnold	**Groß Rhüden**	38723	1753	RIE	Obrist v. Speth	**16, Canada**	26.07.1783
937	Hagen	Heinrich	Brandenrode	99755	1746	GRE	Capt. v. Löhneisen	34	
938	Hagen	Heinrich	Meynungen		1745	2.Rec		**16, Canada**	17.07.1783
939	Hahn	Christian Ludew.	Istedt		1740	SPE	Leribcompany	(C), 11, 12, Winter Hill	22.05.1778
940	Hahn	Georg Friedrich	Altstadt	57627	1765	2.Rec		**12, Canada**	27.09.1778
941	Hahne	Anton	**Riddagshausen**	38100	1738	PFR	Obristlt. v. Hille	**16, Canada**	29.07.1783
942	Hahne	Heinrich	**Hohegeiß**	38700	1753	SPE	Capt. v. Lützow	11, 33	

#	Surname	Given name	Place	Born	Unit	Company	Location	Date
943	Hahne	Friedrich	Eydorf		2.Rec		12, Canada	14.09.1782
944	Hahne	Anton	Borntruck		5.Rec		16, Canada	23.06.1783
945	Halbe	Johann	**Braunschweig**	1753	SPE	Capt. v. Dahlstierna	34	
946	Haldermann	Carl	**Wolsdorf**	1759	SPE	Leibcompany	(C), 11, 12, Virginia	23.08.1779
947	**Halleckau (KA)**	Heinrich	Pukelsheim	1740	SPE	Capt. v. Lützow	34	
948	Halm	Andreas	Wolbeck	1762	5.Rec		**16, Canada**	26.06.1783
949	Hamburg	Caspar	Steinau	1750	BAR	Leibcompany	11, 33	
950	Hammel	Johann	**Thiede**	1755	GRE	Capt. v. Schieck	11, Multown	
951	Hanckel	Andreas	Ellingerode	1757	SPE	Capt. v. Plessen	07, Skeeneborough	14.07.1777
952	Hane	Johann August	**Benzigerode**	1758	RIE	Stab (Staaf)	07, La Prairie, Can.	13.07.1776
953	Hanekratt	Christian	**Braunschweig**	1753	1.Rec		**16, Canada**	25.06.1783
954	**Hann(Hahne)(TB**	Johann	Heusthagen	1760	BAR	Capt. Thomae	11, 33	
955	Hanne	August	Magdeburg	1738	GRE	Obristlt. Breymann	06, Bennington	16.08.1777
956	Hanne	Heinrich	**Elbingerode**	1755	1.Rec		07, 23	17.07.1777
957	Hanne	Friedrich	**Börnecke**	1748	BAR	Leibcompany	11, 33	
958	Hannecke	Julius	**Braunschweig**	1750	RIE	Capt. v. Pöllnitz	12, Blandfort	27.10.1777
959	Hansemann	Heinrich	**Dutterstedt**	1763	vRH	Leibcompany	07, Three Miter Point	05.07.1777
960	Hantell	Johann	Wiesenfeld	1751	BAR	Capt. Dommes	11, 33	
961	Hantellmann	Heinrich	**Linden**	1760	SPE	Capt. v. Plessen	34	
962	Happert	Anton	Diedenhausen	1744	BAR	Capt. Thomae	07, Nicolet, Can.	17.12.1776
963	**Harbord (KA)**	Ernst	**Braunschweig**	1760	vRH	Capt. v. Schlagenteufel	**16, Canada**	22.06.1783
964	Harbord	Friedrich	Langensalza	1760	2.Rec		**16, Canada**	23.07.1783
965	Hardecke	Johann	Wesseln	1760	RIE	Vacant company	(C), 11, 07, Virginia	10.11.1779
966	Harnacke	Conrad	**Wienrode**	1752	GRE	Capt. v. Löhneisen	(C), 11, 12, Potomac	29.12.1778
967	Harras	Gottfried Ludewig	**Braunschweig**	1758	SPE	Capt. v. Lützow	11, 12, Marlborough	10.11.1778
968	Harrasch	Johann	Ofen	1737	BAR	Jägercompany	(C), 11, 32, Philadelphia	
969	Harries	Heinrich	Osten	1753	BAR	Jägercompany	**12, Yamasca**	17.07.1782
970	Hartell	Johann	Eicha	1739	6.Rec		07, 23, Penobscott	24.09.1782
971	Hartjen	Johann	**Stadtoldendorf**	1748	GRE	Capt. v. Schieck	11, 33	
972	**Hartmann (KA)**	Carl	Voigtsdalum	1763	SPE	Leibcompany	12, Lewisborough	05.01.1779
973	Hartmann	Friedrich	**Langelsheim**	1746	DRA	Major v. Meibom	12, Boston	

Index, The Brunswick Troops in North - America 1776 - 1783

#	Surname	First name	Origin	ID	Born	Unit	Company	Location	Date
974	Hartmann	Conrad	Westerode	38667	1755	GRE	Capt. v. Schieck	11, 12a	
975	Hartmann	Christian	Güstrow	18273	1735	PFR	Obristlt. v. Hille	09, 06	01.10.1777
976	Hartmann	Conrad	Langeln	38871	1763	vRH	Capt. Alers	(C), 11, 12, Tanneytown	24.12.1778
977	Hartmann	August	Gandersheim	37581	1762	RIE	Capt. Morgenstern	(C), 11, 12, Winter Hill	10.10.1778
978	Hartmann	Friedrich	Langelsheim	38685	1750	RIE	Vacant company	34	
979	Hartmann	Johann	Hohlenberg	37642	1758	SPE	Capt. v. Dahlstierna	07, Canada	20.03.1778
980	Hartmann	Ludewig	Meckensen		1755	BAR	Capt. Thomae	16, Canada	01.08.1783
981	Hartmann	Johann	Langfeld		1765	2.Rec		07, Canada	01.11.1780
982	Hartmann	Heinrich	Störbecke		1761	2.Rec		07b, Lac St.Pierre	19.01.1779
983	Hartog	Johann	Hamburg	20095	1753	1.Rec		16, Canada	24.06.1783
984	**Hartung (TB)**	Rudolph	Halberstadt	38820	1740	RIE	Capt. v. Pöllnitz	11, Springfield	
985	Hartung	Jürgen	Hasselfelde	38899	1724	GRE	Capt. v. Löhneisen	07, Canada	26.09.1782
986	Hartung	August Ludewig	Wolfenbüttel	38304	1754	SPE	Major v. Ehrenkrook	07, Carillion, (Ticonder.)	01.08.1777
987	Hartung	Joseph	Heiligenstadt	37308	1751	BAR	Jägercompany	16, Canada	27.06.1783
988	Hartwig	Christian	*Hildesheimschen*		1758	DRA	Leibcompany	11, 33	
989	Hasenkampf	Johann	**Braunschweig**	38100	1742	PFR	Capt. v. Tunderfeld	07, Nicolet, Can.	25.05.1781
990	Hasselbusch	Conrad	Noltenhausen		1755	2.Rec		07, Canada	08.09.1780
991	Hasselhoff	Werner	Oranienbaum	06785	1746	2.Rec		07, Canada	12.07.1783
992	Hasselmann	Andreas	Sommerschenburg	39365	1742	PFR	Leibcompany	16, Canada	29.06.1783
993	Hassenbein	Christoph	Wittmarsen		1748	BAR	Capt. Thomae	11, 33	
994	Hasslinger	Joseph	Roth	96215	1751	3.Rec		16, Canada	20.06.1783
995	Hassold	Wilhelm	Spandau	13585	1755	RIE	Obrist Speth	(C), 11, 12, Shetekook	19.10.1777
996	Hatschenberger	Johann	Presburg		1757	4.Rec		16, Canada	23.06.1783
997	Haue	Johann Christoph	**Wolfenbüttel**	38304	1750	SPE	Major v. Ehrenkrook	11, 33	
998	Haue	Georg	Prächting	96250	1758	2.Rec		16, Canada	25.07.1783
999	Hauf	Johann	Gernsheim	64579	1749	SPE	Capt. v. Plessen	16, Canada	23.06.1783
1000	**Heckel (FS)**	Johann	Dresden	01067	1760	3.Rec		12, Portsmouth, GB	02.08.1779
1001	Heckerott	Conrad	Geßen		1759	BAR	Capt. Thomae	16, Canada	25.07.1783
1002	Hedenbach	Friedrich Philipp	Geilenkirchen	52511	1765	GRE	Obristlt. Breymann	07, LaPrairie*, Can.	14.08.1776
1003	**Heer (KA)**	Friedrich	Buschweiler		1760	3.Rec		27, Canada	13.12.1780
1004	Heer	Ludewig Christ.	Buschweiler		1763	3.Rec		16, Canada	23.07.1783

Index, The Brunswick Troops in North - America 1776 - 1783

#	Surname	First name	Place	ID	Year	Unit	Company	Location	Date
1005	Heermann	Heinrich	Esbeck	38364	1752	GRE	Capt. v. Löhneisen	06, Freeman's Farm	07.10.1777
1006	Heese	Amadeus	Eßlingen	31134	1758	BAR	Capt. v. Geusau	(C), 11, 07, Albany	19.10.1777
1007	Hegenberg	Joseph	Hildesheim	38723	1761	2.Rec	Vacant company	**16, Canada**	25.07.1783
1008	Heidekamp	Johann	Münchehof	38312	1743	RIE		34	
1009	Heier	Christoph	Cramme	38678	1759	DRA	Major v. Meibom	06, Bennington	16.08.1777
1010	**Heilemann (FS)**	Friedrich	Clausthal	38667	1755	DRA	Leibcompany	11, 12	11.04.1781
1011	Heindorf	Heinrich	**Westerode**	38667	1757	GRE	Obristlt. Breymann	11, 33	
1012	Heindorf	Andreas	**Westerode**	38667	1743	RIE	Leibcompany	34	
1013	Heindorf	Caspar	**Westerode**	38836	1752	SPE	Capt. v. Plessen	07, Ticonderoga	24.08.1777
1014	Heine	Michael	**Pabstorf**		1727	GRE	Capt. v. Löhneisen	34	
1015	Heine	Christoph	Gersbach		1756	SPE	Capt. v. Lützow	(C), 11, 12, Winter Hill	02.11.1778
1016	Heinecke	Johann	Altenburg		1754	BAR	Capt. v. Geusau	07a, Canada	29.08.1782
1017	Heinecke	Tobias	Gorna		1753	2.Rec		**16, Canada**	25.07.1783
1018	Heinecke	Christoph	**Groß Rhüden**	38723	1753	GRE	Obristlt. Breymann	(C), 11, 12, Virginia	13.12.1779
1019	Heinecker	Anton	Nürnberg	90443	1757	vRH	Capt. Alers	**12, Canada**	28.10.1778
1020	**Heinemann (KA)**	Heinrich	**Braunschweig**	38100	1751	SPE	Leibcompany	11, Philadelphia	
1021	*Heinemann (HB)*	Lorenz	Erfurt	99084	1761	BAR	Jägercompany	(C), 11, 12, Winter Hill	24.06.1778
1022	Heinemann	Conrad	**Lamme**	38116	1735	GRE	Capt. v. Bärtling	06, Bennington	16.08.1777
1023	Heinemann	Heinrich	Halberstadt	38820	1736	PFR	Capt. v. Tunderfeld	**16, Canada**	29.07.1783
1024	Heinemann	Friedrich	**Schöningen**	38364	1758	vRH	Capt. v. Schlagenteufel	**16, Canada**	22.06.1783
1025	Heinemann	Jürgen	**Wenzen**	37574	1753	RIE	Capt. v. Morgenstern	11, 12, Frederick	29.12.1778
1026	Heinemann	Heinrich	**Schöningen**	38364	1757	BAR	Jägercompany	09, 06,	00.00.1777
1027	Heinemeyer	Diedrich	**Halle**	37620	1754	DRA	Major v. Meibom	11, 12	20.10.1781
1028	**Heinrichs (KA)**	Conrad	**Grane**		1748	RIE	Capt. v. Pöllnitz	(C), 11, 07, Virginia	27.09.1779
1029	Heinze	Gottfried	Lössewitz	39638	1752	2.Rec		**16, Canada**	25.06.1783
1030	Heintz	Hans Georg	Hemmersdorf		1744	6.Rec		07, 23	08.08.1782
1031	Heise	Johann	Prenzlau	17291	1752	3.Rec		**16, Canada**	25.06.1783
1032	Heiss	Michael	Ulm	89077	1761	2.Rec		**16, Canada**	22.07.1783
1033	Held	Johann Gottfried	Dresden	01067	1739	2.Rec		**16, Canada**	25.07.1783
1034	Hellberg	Johann	Wismar	23966	1757	SPE	Capt. v. Dahlstierna	**16, Canada**	20.07.1783
1035	Hellmer	Christoph	Forst	37639	1750	RIE	Capt. v. Pöllnitz	(C), 11, 12, Winchester	14.03.1781

#	Name	First Name	Place	ID	Year	Unit	Rank/Company	Location	Date
1036	Hellmuth	Heinrich	Weferlingen	38173	1745	BAR	Jägercompany	11, 33	
1037	Hellwig	Johann	Gorzheim	38259	1747	DRA	Obristlt. Baum	11, 33	
1038	Hellwig	Anton	**Lichtenberg**	38642	1763	RIE	Vacant company	(C), 11, 07, Cambridge	15.08.1778
1039	Helmbrecht	Stephan	Goslar	37639	1759	vRH	Leibcompany	(C), 11, 12, Winter Hill	07.10.1778
1040	Helmer	Conrad	**Bevern**	18055	1748	vRH	Obristlt. v. Ehrenkrook	11, 33	
1041	Helmersdorf	Franz	Rostock		1759	BAR	Capt. Dommes	11, 33	
1042	Hencke (KA)	Johann	**Braunschweig**	38100	1745	GRE	Obristlt. Breymann	(C), 11, 07, Reading	24.06.1781
1043	Henckel (Rgt.FS)		**Braunschweig**	38100	1748	GRE	Stab, (Staff)	(C), 11, 07, Cambridge	07.09.1778
1044	Henckel (Co.FS)	Julius	**Braunschweig**	38100	1761	GRE	Obristlt. v. Mengen	(C), 11, 12, Winchester	05.04.1781
1045	Henckel Com.Fd	Gottfried	**Braunschweig**	38100	1753	1.Rec		**16, Canada**	02.08.1783
1046	Hendel	Friedrich	Aschersleben	06449	1751	BAR	Jägercompany	11, 33	
1046	Hengst	Johann Wilhelm	Ulm	89077	1760	2.Rec		07, Canada	10.05.1782
1047	Hennecke	Heinrich	**Berel**	38272	1750	BAR	Leibcompany	34	
1048	Hennecke	Christian	**Bettmar**	38159	1761	PFR	Capt. Diedrichs	07, Canada	06.08.1776
1049	Hennemann	Heinrich	Einbeck	37574	1759	2.Rec		**16, Canada**	28.06.1783
1050	Henning	Georg	Paderborn	33102	1748	SPE	Capt. v. Lützow	**16, Canada**	25.07.1783
1051	Henninger	Johann	**Dennstedt**	38169	1754	RIE	Capt. v. Pöllnitz	(C), 11, 12, Winter Hill	01.12.1777
1052	Hepner	Ludwig	Selchow		1763	vRH	Capt. v. Plessen	**12, Syringham, Can.**	26.10.1776
1053	Herbecke	Johann Georg	*Livland*		1755	BAR	Jägercompany	**16, Canada**	20.06.1783
1054	Herbst	Heinrich	**Dankelsheim**	37581	1752	GRE	Obristlt. Breymann	(C), 11, 12, York	22.12.1778
1055	Herbst	Heinrrich	**Gandersheim**	37581	1754	GRE	Capt. v. Schieck	07	11.09.1780
1056	Herbst	Adam	Varrenstedt		1758	6.Rec		**12, Canada**	22.05.1783
1057	Herchner	August	Leipzig	04109	1757	1.Rec		**16, Canada**	29.07.1783
1058	Herhold	Johann	Berendorf		1744	GRE	Capt. v. Schieck	(C), 11, 12, York	21.12.1778
1059	Hering	Johann	Horsten	26446	1753	BAR	Capt. Thomae	07b, Canada	05.03.1779
1060	Hermann	Johann	Dorndorf	36460	1756	RIE	Obrist v. Speth	11, *12a*	
1061	Hermann	Heinrich	Göttingen	37083	1732	RIE	Capt. v. Pöllnitz	07, Canada	19.11.1781
1962	Hermsdorf	Carl	Königstein		1744	1.Rec	Obristlt. v. Hille	**12, Canada**	25.06.1783
1063	Hertlein	Adam	Waldungen		1755	PFR	Obristlt. v. Ehrenkrook	**16, Canada**	29.07.1783
1064	Herziel	Jacob	Ottenberg		1753	vRH	Capt. Diedrichs	07, 23	02.07.1776
1065	Hesper	Friedrich	**Braunschwwig**	38100	1760	PFR		**16, Canada**	31.07.1783

#	Surname	Given Name	Place	ID	Year	Unit	Rank/Company	Location	Date
1066	Hesse	David	Burgdorf	38272	1756	GRE	Capt. v. Löhneisen	(C), 11, 12, Salisbury	15.12.1778
1067	Hesse	Heinrich	Schlewecke	38667	1753	vRH	Obristlt. v. Ehrenkrook	11, 33	28.12.1778
1068	Hesse	Carl	Negenborn	37643	1761	RIE	Obrist v. Speth	11,12, Frederick	09.08.1777
1069	Hesse	August	**Braunschweig**	38100	1739	SPE	Leibcompany	07, Carillion	24.06.1783
1070	Hesse	Johann	Biberach	77781	1760	2.Rec		**16, Canada**	
1071	Hetzheim	Adam	Schmella		1753	BAR	Leibcompany	07, Canada	05.03.1778
1072	Heuer	Julius	Otleben		1734	RIE	Leibcompany		
1073	Heuer	Wilhelm	**Hornburg**	38315	1750	RIE	Capt. Morgenstern	07, Montreal	10.10.1776
1074	Heuer	Peter	**Salzdahlum**	38302	1748	Spe	Capt. v. Plessen	11, 33	
1075	Heuer (KAS.H.)	August	Sickte	38173	1735	PFR	Stab (Staff)	34	29.07.1783
1076	Heusinger	Christian	Berklingen	38170	1744	RIE	Leibcompany	**16, Canada**	
1077	Heutenschleben	Heinrich	Vorsfelde	38448	1750	BAR	Capt. v. Geusau	11, 12a	
1078	**Heyberger (KA)**		Truben		1744	BAR	Leibcompany	11, 33	
1079	Heydecke	Johann	Gerte		1757	DRA	Obristlt. Baum	(C), 11, 12, N.-Hanover	25.12.1778
1080	Heydecke	Christoph	**Walkenried**	37445	1756	RIE	Capt. Morgenstern	11, Norhhampton	
1081	Heydefuhs	Johann Heinrich	**Langelsheim**	38685	1759	1.Rec		(C), 11, 12, N-Hanover	24.12.1778
1082	**Heydenreich(KA)**	Georg	Neustadt	NL	1746	BAR	Leibcompany	**12, Canada**	17.07.1783
1083	Heymert	Johann	Sachsen-Gotha		1761	2.Rec		07, Montreal	10.01.1777
1084	Heyne	Conrad	Herzogenbusch	06844	1765	vRH	Capt. v. Schlagenteufel	**16, Canada**	23.06.1783
1085	Heyne	Gottfried	Dessau	80333	1742	BAR	Capt. Dommes	(C), 11, 12, Tyringham	26.10.1777
1086	Heyne	Maximillian	München	34537	1760	2.Rec		09, 06, Albany	30.10.1777
1087	Hetzler	Panorat	Braunau		1748	3.Rec		**16, Canada**	01.07.1783
1088	Hickel	Johann	Lautershorst		1757	2.Rec		**16, Canada**	28.07.1783
1089	Hieckell	Johann	Lauterhorst	16727	1757	BAR	Capt. v. Geusau	07, Canada	21.09.1778
1090	Hiep	Bernhard	Eichstädt		1733	vRH	Leibcompany	07, Canada	17.09.1778
1091	Hilbert	Claus	Mainzischen		1755	BAR	Capt. Dommes	**12, St.Charles, Can.**	25.10.1777
1092	Hilckemann	Arend	Nordheim		1738	vRH	Capt. v. Schlagenteufel	(C), 11, 12, New City	20.10.1777
1093	Hildebrand	Joseph	Duderstadt	37115	1753	RIE	Capt. Morgenstern	11, 12a	
1094	Hildebrand	Andreas	Weißenborn	37130	1763	6.Rec		(C), 11, 12, Pittstown	13.12.1778
1095	Hille	Christoph	Halberstadt	38820	1760	4.Rec		**12, Canada**	26.10.1782
1096	**Helmscherode**	Friedrich		37581	1758	GRE	Obristlt. Breymann	**16, Canada**	23.06.1783
	Hille							12, Lewisbourg	30.12.1778

#	Surname	Given Name	Place	ID	Year	Unit	Company	Location	Date
1097	Hillecke	Andreas	Watenstedt	38384	1751	RIE	Obrist v. Speth	34	23.06.1779
1098	Hilmer	Georg	Lichtenhagen	37133	1745	RIE	Obrist v. Speth	(C), 11, 07, Virginia	25.06.1783
1099	Hittel	Sigmund Georg	Fürth	90766	1760	2.Rec	Obristlt. v. Ehrenkrook	16, Canada	
1100	**Himberger (KA)**	Balthasar	*Pfalz*	38226	1731	vRH	Capt. v. Löhneisen	34	07.06.1780
1101	Himstedt	Friedrich	Lesse	38226	1729	GRE	Capt. v. Löhneisen	07, Canada	05.05.1782
1102	Hincke	Joseph	Ober Jägerndorf		1732	4.Rec		07, L'Asumption, Can.	25.06.1783
1103	Hinderkirchen	Johann	Pritzen	A	1758	3.Rec	Capt. v. Dahlstierna	16, Canada	08.12.1777
1104	Hinte	Heinrich	Braunschweig	38100	1764	SPE	Jägercompany	(C), 11, 12, Winter Hill	
1105	Hintersass	Johann	Windersheim		1753	BAR	Leibcompany	11, 33	
1106	Hinze	Friedrich	Fürstenberg	37699	1757	vRH		11, 33	
1107	Hinze	Christian	Ellingerode	37217	1762	vRH	Capt. v. Schlagenteufel	(C),11,12, Hackettstown	08.12.1778
1108	Hinze	Christoph	Klein Dahlum	38170	1732	RIE	Capt. v. Pöllnitz	11, *12a*	
1109	Hinze	Christian	Deensen	37627	1739	RIE	Vacant company	(C), 11, Virginia	
1110	Hinze	Johann Friiedrich	Altendorf	38465	1741	SPE	Major v. Ehrenkrook	11, 33	
1111	Hinze	Anton	Merxhausen	37627	1745	BAR	Capt. Dommes	11, 33	
1112	Hinze	Albert	Bernburg	06406	1765	2.Rec		07b, Lac St.Pierre	19.01.1779
1113	Hirsch	Rudolph	Braunschweig	38100	1752	BAR	Capt. Thomae	11, 33	
1114	Hirschbach	Friiedrich	Braunschweig	38100	1737	PFR	Capt. Diedrichs	16, Canada	29.07.1783
1115	Hirschelmann	Friedrich	Benzigerode	38855	1758	vRH	Leibcompany	07, Canada	20.11.1777
1116	Hirschmann	Johann Jacob	Danzig		1760	3.Rec		16, Canada	23.07.1783
1117	Hirte	Christoph	Malkerstedt		1740	SPE	Leibcompany	11, 33	
1118	Hochheimer	Carl	Laubach		1734	GRE	Capt. v. Bärtling	(C), 11, 07. Virginia	22.10.1780
1119	Hochmer	Anton	Bernsheim		1740	SPE	Major v. Ehrenkrook	(C), 11, 12, N.-Hanover	24.12.1778
1120	Höber	Diedrich	Braunschweig	38100	1755	BAR	Capt. v. Geusau	16, Canada	04.07.1783
1121	Höfer	Ferdinand Friedr.	Wolfenbüttel	38304	1761	SPE	Leibcompany	(C), 11, 12, York	23.12.1778
1122	Höh	Gottfried	Wittenberg	06886	1754	2.Rec		16, Canada	01.07.1783
1123	Höpe	Georg	Karlshafen	34385	1755	RIE	Vacant company	(C), 11, 12, Cambridge	10.03.1778
1124	Höpfner	Christian	Thüringenhausen	99713	1753	5.Rec		07	12.11.1781
1125	*Hoffmann*	Thomas	Wien	A	1758	PFR	Leibcompany	16, Canada	29.07.1783
1126	Hoffmann	Heinrich	Klein Biewende	38319	1744	GRE	Obristlt. v. Mengen	11, 33	
1127	Hoffmann	Phillip	Goslar	38640	1759	RIE	Capt. v. Pöllnitz	(C), 11, 12, Hacketst.	10.12.1778

Index, The Brunswick Troops in North - America 1776 - 1783

#	Surname	Given name	Origin	#	Year	Unit	Company	Location	Date
1128	Hoffmann	Ludewig	Blankenburg	38 889	1757	SPE	Capt. v. Lützow	12, Long Island	00.00.1780
1129	Hoffmann	Johann	Hebensheim		1760	SPE	Capt. v. Lützow	11, 33	01.07.1783
1130	Hoffmann	Gottlieb	Merseburg	06217	1753	1.Rec		16, Canada	15.09.1779
1131	Hoffmann	Georg	Winzheim		1762	2.Rec		07, Canada	30.11.1782
1132	Hoffmann	Eberhard	Friesen	96114	1743	2.Rec		07, Sorel	15.08.1778
1133	Hoffmeister	Friedrich	Braunschweig	38100	1747	BAR	Leibcompany	07	16.07.1783
1134	Hoffmeister	Friedrich	Weddig		1747	GRE	Obristlt. v. Mengen	16, Canada	11.09.1777
1135	Hoffmeister	Friedrich	Altenrode	38315	1739	GRE	Capt. v. Bärtling	09, 06	18.10.1776
1136	Hoffmeister	Nicolas	Altenrode	38315	1754	PFR	Capt. Diedrichs	07, Canada	
1137	Hoffmeister	Heinrich	Mahlum	31167	1755	vRH	Capt. Alers	34	11.11.1778
1138	Hoffmeister	Johann	Bockum		1751	RIE	Vacant company	(C), 11, 12, Marlbor.	02.01.1781
1139	Hoffmeister	Gottlieb	Nettlingen	31185	1750	SPE	Capt. v. Lützow	(C), 11, 12, Virginia	12.08.1778
1140	Holland	Christoph	Braunschweig	38100	1757	vRH	Major v. Lucke	(C), 11, 12, Winter Hill	13.08.1778
1141	Holland	Andreas	Braunschweig	38100	1762	vRH	Major v. Lucke	(C), 11, 12, Winter Hill	26.07.1783
1142	Holland	Johann Heinrich	Braunschweig	38100	1741	2.Rec		16, Canada	07.10.1777
1143	Holle (KA)	Carl	Breitenbach		1751	BAR	Leibcompany	06, Freeman's Farm	19.06.1783
1144	Holle	Gottlieb	Steinbruch	38364	1750	GRE	Capt. v. Bärtling	16, Canada	05.10.1782
1145	Holle	Gottfried	Stollberg		1761	1.Rec		12, Sorel, Can.	10.11.1778
1146	Hollemann	Conrad	Dettum	38173	1760	RIE	Capt. Morgenstern	(C), 11, 12, Winter Hill	00.00.1780
1147	Hollway	Jürgen	Lichtenhagen	37133	1761	GRE	Capt. v. Bärtling	12	25.06.1783
1148	Hollwege	Gottfried	Polzin, (Pommern)		1740	vRH	Leibcompany	16, Canada	
1149	Holste	Andreas	Lelm	38154	1741	RIE	Capt. v. Pöllnitz	34	26.07.1783
1150	Holtögel	Christoph	Einbeck	37574	1737	SPE	Capt. v. Dahlstierna	16, Canada	
1151	Holzburg	Ludwig	Gebhardshagen	38229	1755	DRA	Generalmaj. v.Riedesel	11, 33	28.06.1778
1152	Holzberg	Johann	Goslar	38640	1751	vRH	Capt. v. Schlagenteufel	11, 12a	23.07.1783
1153	Holzberger	Johann	Kassel	34117	1751	BAR	Capt. Dommes	11, 33	17.07.1783
1154	Holzkam	Johann	Braunschweig	38100	1761	PFR	Capt. Diedrichs	07, St.Denis, Can.	06.09.1782
1155	Holzkamp	Christian	Braunschweig	38100	1752	GRE	Capt. v. Löhneisen	11, 33	
1157	Holzwerter	Gottfried	Eisleben	06295	1760	1.Rec		16, Canada	
1158	Homann	Gottfried	Hirschberg		1754	3.Rec		16, Canada	
1159	Homburg	Johann	Witzenhausen	37213	1721	BAR	Capt. Thomae	07, Canada	

Index, The Brunswick Troops in North - America 1776 - 1783

#	Surname	Given Name	Place	Postcode	Born	Unit	Company	Notes	Date
1160	Hommelmann	Johann	Culmbach		1751	6.Rec	Capt. v. Geusau	**31, Penobscott**	01.07.1783
1161	Hoppe	Caspar	Nazzungen		1747	BAR	Capt. Dommes	11, 33	00.11.1779
1162	Hoppe	Conrad	Litthausen		1758	BAR		06, Long Island	
1163	Hoppe	Johann	**Dettum**	38173	1753	2.Rec		**16, Canada**	24.06.1783
1164	**Horn (HB)**	Christian	Peine	31228	1731	SPE	Stab, (Staff)	11, 12a	
1165	Horn	Ludewig	**Braunschweig**	38100	1759	SPE	Leibcompany	11, 12a	
1166	Horn	Heinrich	Creutzburg		1744	SPE	Capt. v. Lützow	11, 33	05.11.1777
1167	Hornburg	Friedrich	Rüningen	38122	1741	PFR	Obristlt. v. Hille	07, Lake Champlain	
1168	Hornburg	Jürgen Valentin	**Braunschweig**	38100	1745	vRH	Obristlt. v. Ehrenkrook	06, Freeman's Farm	19.09.1777
1169	Hornburg	Christian	*Harz*		1748	1.Rec		**16, Canada**	24.06.1783
1170	Hornburg	Jacob	Witzenhausen	37213		BAR	Capt. Thomae	07a, Ozean, (Ocean)	02.09.1783
1171	Hornstein	Friedrich	**Klein Gleidingen**	38159	1757	4.Rec		07, Canada	15.02.1781
1172	Hornung	Johann	Stollberg	09366	1728	PFR	Capt. v. Tunderfeld	27	30.04.1783
1173	Horstmann	Christoph	**Semmenstedt**	38327	1750	vRH	Obristlt. v. Ehrenkrook	11, 33	
1174	Hortus	Heinrich	**Bodenstein**	38729	1743	RIE	Obrist v. Speth	07, Montreal	17.07.1776
1175	Hosang	Georg	Weißenburg	H	1747	1.Rec		**16, Canada**	26.06.1783
1176	Hottelmann	Georg	**Braunschweig**	38100	1737	BAR	Capt. Thomae	11, 12a	
1177	Hoven	Hans	**Bodenstedt**	38159	1740	1.Rec		**16, Canada**	18.07.1783
1178	**Hoyer (LT)**	Ludwig	Erzleben	37547	1749	BAR	Jägercompany	11, 33	
1179	Hoyer	Wilhelm	**Wolfenbüttel**	38304	1726	RIE	Capt. Morgenstern	07	23.09.1782
1180	Hube	Wilhelm	**Helmstedt**	38350	1763	2.Rec		**16, Canada**	26.06.1783
1181	Hube	Johann	Bodensleben		1746	GRE	Capt. v. Schieck	34	01.09.1778
1182	Hugsmann	Heinrich	Gastorf		1735	RIE	Capt. Morgenstern	11, 33	
1183	Huhn	Johann	Ober Steinbach		1750	PFR	Capt. Diedrichs	07, Canada	19.09.1776
1184	Hübe	Johann	**Calvörde**	39359	1755	GRE	Capt. v. Löhneisen	(C), 11, 12, Winter Hill	29.06.1778
1185	Hülle	Christoph	Wernigerode	38855	1748	SPE	Leibcompany	34	
1186	**Hüne (TB)**	Christian	Grunde		1748	RIE	Capt. Morgenstern	11, 33	
1187	Hüne	Bernhard	**Wolfenbüttel**	38304	1737	RIE	Leibcompany	11, 33	
1188	Hünerberg	Georg	**Vorwohle**	37632	1733	BAR	Capt. v. Geusau	07, Canada	19.09.1776
1189	**Hüter (TB)**	Georg	Erfurt	99089	1758	BAR	Capt. v. Geusau	11, 33	
1190	Hütting	Michael	Jena	07743	1747	2.Rec		**12, Canada**	10.07.1783

#	Surname	Given Name	Place	ID	Year	Unit	Company	Location	Date
1191	Hüttinger	Adam	Holkhoven		1762	3.Rec		16, Canada	26.07.1783
1192	Hüttner	August	Nordheim		1758	SPE	Major v. Ehrenkrook	16, Canada	22.07.1783
1193	Hummerich	Christian	*Pfalz*		1760	2.Rec		16, Canada	01.07.1783
1194	Hund	Heinrich	**Fürstenberg**	37699	1763	1.Rec		07, Canada	07.11.1780
1195	Hunstedt	Heinrich	**Braunschweig**	38100	1751	BAR	Capt. v. Geusau	16, Canada	01.08.1783
1196	Husung	Friedrich	Walbeck	39356	1752	BAR	Leibcompany	(C), 11, 12, Potomac	31.12.1778
1197	Hutzel	Nicolaus	Neiß		1737	SPE	Capt. v. Plessen	-12	10.10.1777
1198	Jabecke	Wilhelm	**Königslutter**	38154	1730	GRE	Capt. v. Schieck	11, 07	00.00.1780
1199	Jacke (SG)	Georg	Hildesheim	31134	1728	RIE	Capt. v. Pöllnitz	(C), 11, 07, Cambridge	08.10.1778
1200	Jacobs (CA)	Johann	**Wolfenbüttel**	38304	1732	vRH	Capt. Alers	07	11.08.1777
1201	Jacobs	Conrad	**Golmbach**	37640	1755	GRE	Obristlt. Breymann	11, 33	12.12.1776
1202	Jacobs	Johann	**Frellstedt**	38373	1752	SPE	Leibcompany	07, Canada	07.10.1782
1203	**Jaeger (C)**	Melchior Heinrich	Eutin	23701	1743	SPE	Leibcompany	07, Long Island	13.10.1777
1204	**Jaeger (SG)**	Heinrich	Laubach	34346	1734	SPE	Leibcompany	07, Stillwater	09.04.1777
1205	Jaeger	Heinrich	Holzmühle?		1757	DRA	Leibcmpany	07, Trois Riviere	24.10.1777
1206	Jaeger	Hermann	Lauterbach		1743	DRA	Generalmaj.v.Riedesel	09, 06	02.11.1777
1207	Jaeger	Johann	Sehrtte		1753	PFR	Obristlt. v. Hille	07, Lake Champlain	23.10.1777
1208	Jahn	Joachim	**Uthmöden**	39345	1764	SPE	Capt. v. Plessen	(C), 11, 12, Kinderhook	26.08.1777
1209	Jahne	Christian	Gera	07545	1749	GRE	Obristlt. v. Mengen	09, 06,	16.12.1778
1210	Jahns	Martin	Belzig	14806	1742	GRE	Capt. v. Schieck	(C),11,12,N.-Providence	24.09.1777
1211	Jahns	Christian	**Glentorf**	38154	1755	vRH	Capt. v. Schlagenteufel	12, Freeman's Farm	17.09.1777
1212	Jahns	Andreas	**Klein Elbe**	38274	1744	RIE	Capt. Morgenstern	(C), 11, 07, Cambridge	15.10.1777
1213	Jahns	Conrad	Sommenstadt		1747	SPE	Major v. Ehrenkrook	09, 06,	16.05.1778
1214	Jahns	Christian	Magdeburg	39104	1746	SPE	Capt. v. Plessen	(C), 11, 07, Cambridge	02.10.1777
1215	Jahns	Heinrich	**Söllingen**	38387	1746	SPE	Capt. v. Lützow	07, Albany	12.09.1777
1216	Jahns	Conrad	**Wolfenbüttel**	38304	1752	SPE	Capt. v. Dahlstierna	12	16.08.1777
1217	Jahns	Friedrich	**Dutterstedt**	31224	1760	BAR	Capt. Dommes	06, Bennington	13.10.1777
1218	Jaslen	Christian	**Bahrum**	38226	1753	DRA	Generalmaj.v.Riedesel	12	25.06.1783
1219	Jatscheck	Johann	*Ungarn*	H	1746	2.Rec		**16, Canada**	13.07.1777
1220	Ibe	Johann Andreas	**Blankenburg**	38889	1764	RIE	Vacant company	07a, Canada	18.12.1779
1221	Jenott	Jaques	Neuchatel	CH	1742	2.Rec		07, Canada	

Index, The Brunswick Troops in North - America 1776 - 1783

#	Surname	Given	Place	ID	Year	Unit	Company	Location	Date
1222	Ihland	Adam	Erfurt	99089	1761	vRH	Major von Lucke	16, Canada	02.07.1783
1223	Imhoff	Ludwig	Wolfenbüttel	38304	1756	DRA	Leibcompany	16, Canada	25.06.1783
1224	Imhoff	Friedrich	Wolfenbüttel	38304	1755	GRE	Capt. von Bärtling	11, 12a	
1225	Immenthal	Christoph	Frankenhausen	06567	1755	2.Rec		16, Canada	30.07.1783
1226	Jocks	Johann	Lüttich	B	1759	3.Rec		16, Canada	29.07.1783
1227	Johannes	Ernst	Orxhausen	37547	1749	GRE	Capt. von Bärtling	07, Hubbardton	07.07.1777
1228	John	Martin	Heiligenstadt	37308	1753	1.Rec		16, Canada	23.06.1783
1229	Jordan	Johann	Gummern	29493	1756	RIE	Vacant company	16, Canada	26.06.1783
1230	**Jorns (KA)**	Johann	Seckenhausen	28816	1753	vRH	Leibcompany	(C), 11, 12, N..-Hanover	24.12.1778
1231	**Jorns (KA)**	Phillip	Goslar	38640	1745	vRH	Capt. Alers	07, Canada	27.01.1782
1232	Isendrut	Wilhelm	Deerstein		1736	PFR	Capt. von Diedrichs	11, Breat Bay	30.03.1782
1233	Isensee	Heinrich	Stöckheim	38124	1761	DRA	Generalmaj.v.Riedesel	11, 07	
1234	Isensee	Andreas	Biewende	38319	1757	DRA	Obristlt. Baum	16, Canada	16.08.1780
1235	*Iserhoff (Fd)*	Gustav	Braunschweig	38100	1745	vRH	Capt. v. Schlagenteufel	07, Canada	08.05.1783
1236	Israel	Gottfried	Rosla		1740	GRE	Obristlt. von Mengen	(C),11,12,N.-Providence	17.11.1782
1237	Isselmann	Conrad	Süpplingen	38373	1755	SPE	Major von Ehrenkrook	07, Canada	16.12.1778
1238	Jürgens	Dierich	Gernrode	37339	1762	DRA	Major von Meibom	07, Canada	13.07.1776
1239	Jürgens	Andreas	Süpplingenburg	38376	1760	DRA	Obristlt. Baum	16, Canada	18.08.1776
1240	Jürgens	Conrad	Süpplingen	38373	1737	GRE	Capt. v. Löhneisen	11, 33	
1241	Jürgens	Heinrich	Königslutter	38154	1762	PFR	Obristlt. Pratorius	07, Canada	19.07.1776
1242	Jürgens	Friedrich	Wolfenbüttel	38304	1757	PFR	Capt. v. Tunderfeld	12, Canada	23.07.1783
1243	Jürgens	Christian	Bornum	38312	1751	vRH	Major von Lucke	34	
1244	Jürgens	Andreas	Gernrode	37339	1755	SPE	Leibcompany	(C), 11, 12, Virginia	28.02.1779
1245	Jürgens	Heinrich	Natenstadt	27239	1758	DRA	Generalmaj.v.Riedesel	(C), 11, 33	
1246	Juncker	Caspar	Stiege	38899	1754	SPE	Capt. von Plessen	(C), 11, Virginia	
1247	Jung	Georg	Stuttgart	70182	1755	4.Rec		12, Canada	02.08.1782
1248	Junge	Christoph	Stiege	38899	1723	SPE	Major v. Ehrenkrook	07, 23	04.10.1782
1249	*Just (FS)*	Conrad	Karlshafen	34385	1754	PFR	Leibcompany	16, Canada	29.07.1783
1250	Just	Friedrich	Stiege	38899	1751	SPE	Capt. v. Dahlstierna	11, 12, York	23.12.1778
1251	Kachel	Andreas	Wertheim	97877	1749	GRE	Capt. v. Löhneisen	11, 07	17.06.1779
1252	Käseho	Jacob	Illkenrode		1754	PFR	Capt. Diedrichs	16, Canada	29.07.1783

#	Surname	Given Name	Place	ID	Year	Unit	Rank/Company	Location	Date
1253	Käsewinter	Caspar	Harzburg	38667	1756	SPE	Capt. von Lützow	11, 33	10.05.1779
1254	Kaehs	Johann	Rheinfeld		1753	2.Rec		07, Canada	16.06.1783
1255	Kahlefeld	Samuel	Wolfenbüttel	38304	1721	RIE	Capt. v. Pöllnitz	11, 07, New York	23.07.1783
1256	Kahmann	Heinrich	Braunschweig	38100	1745	BAR	Capt. Dommes	16, Canada	12.11.1777
1257	Kahn	Christian	Elswerth		1751	PFR	Capt. Diedrichs	07, Canada	03.07.1783
1258	Kalb	Johann Conrad	Oberheydelbach		1752	3.Rec		12, Canada	23.07.1783
1259	Kalck	Ernst Ludwig	Küstrin		1751	3.Rec		16, Canada	00.00.1780
1260	Kalckofen	Jacob	Koblenz	56068	1759	BAR	Jägercompany	11, 12, New York	30.11.1778
1261	Kalofsky	Zacharias	Braunschweig	38100	1758	vRH	Leibcompany	(C), 11, 12	08.04.1778
1262	**Kaltofen (KA)**	Friedrich	Braunschweig	38100	1740	RIE	Obrist von Speth	(C), 11, 12, Winter Hill	27.10.1777
1263	Kammerer	Andreas	Schwarzenberg	08340	1744	vRH	Capt. Alers	(C), 11, 12, Blandford	16.07.1777
1264	Kampe	Friedrich	Osbeck		1754	SPE	Major v. Ehrenkrook	07, Carillion	06.09.1776
1265	Kamrad	Johann	Süpplingenburg	38376	1761	vRH	Leibcompany	07, 23	02.11.1778
1266	Kandelhard	Andreas	Klein Denkte	38321	1736	vRH	Major v. Lucke	07, Canada.	
1267	Kannengießer	Peter	Elbingerode	38875	1737	GRE	Capt. v. Löhneisen	34	19.09.1776
1268	Kappey	Ernst	Garlebsen	37547	1748	PFR	Capt. Diedichs	07, Canada	29.07.1783
1269	Kappey	Friedrich	Gremsen		1759	PFR	Capt. v. Tunderfeld	16, Canada	27.07.1783
1270	Karpe	Nicolaus	Harburg	21079	1751	5.Rec		16, Canada	25.07.1783
1271	Karweil	Andreas	Aschersleben	06449	1748	5.Rec		16, Canada	29.07.1783
1272	Kassmann	Johann	Aventra		1757	PFR	Capt. Diedrichs	16, Canada	
1273	Kasten	Heinrich			1754	GRE	Capt. v. Löhneisen	34, Philadelphia	25.07.1777
1274	Kasten	Johann Georg	Rundsdorf		1742	BAR	Jägercompany	07, Skeenesborough	19.09.1776
1275	Kasten	Friedrich	Golmbach	37640	1764	BAR	Capt. Thomae	07a, Quebec	15.11.1776
1276	Kasten	Friedrich	Heinade	37627	1762	BAR	Capt. v. Geusau	07, Montreal	23.09.1781
1277	Kastenbein	Christian	Zellerfeld	38678	1757	GRE	Capt. v. Bärtling	(C), 11, 12, Virginia	25.04.1781
1278	**Kaucke (KA)**	Christian	Freyenstein	16918	1754	DRA	Obristlt. Baum	07, Canada	20.10.1781
1279	Kauf	Christian	Frankfurt	60311	1756	DRA	Obristlt. Baum	11, 12	26.06.1783
1280	**Kauffmann (KA)**	Anton	Königslutter	38154	1761	2.Rec		16, Canada	20.08.1777
1281	Kaul	Andreas	Aschersleben	06449	1763	vRH	Capt. v. Schlagenteufel	07, Trois Riviere	25.07.1783
1282	Kaune	Julius	Adersheim	38304	1745	GRE	Capt. v. Schieck	16, Canada	15.10.1781
1283	Kaulsch	Gottlieb	Brunow		1760	5.Rec		12, Long Island	

#	Name	First Name	Place	ID	Year	Unit	Company	Location	Date
1284	Kay	Just	Haßelfelde	38899	1757	vRH	Leibcompany	11, 33	
1285	Kayser	Johann	Königslutter	38154	1742	PFR	Capt. v. Tunderfeld	07, St.Nicolas, Canada	14.02.1781
1286	Kayser	Nicolaus	Heynde		1756	BAR	Capt. v. Geusau	07, St.Francois, Can.	12.12.1776
1287	Kayser	Johann	Mühlendorf		1760	BAR	Capt. v. Geusau	06, Bennington	16.08.1777
1288	Kayser	Wilhelm	Medebach	59964	1760	6.Rec		12, Canada	06.12.1782
1289	Keesel	Johann	Müritz	18181	1744	2.Rec		07, Canada	08.11.1778
1290	Kefelder	Valentin	Akern		1757	BAR	Capt. Thomae	11, 33	
1291	Keffel	Heinrich	Benzingerode	38855	1754	vRH	Leibcompany	07	
1292	Keitel *(TB)*	Johann	Braunschweig	38100	1751	GRE	Capt. v. Löhneisen	(C), 11, 12, Winter Hill	12.07.1778
1293	Keller	Joseph	*Elsaß*		1759	SPE	Capt. v. Dahlstierna	11, 33	
1294	Keller	Carl	Sophienthal	38176	1759	BAR	Jägercompany	**16, Canada**	25.07.1783
1295	Keller	Valentin	Coburg	96450	1744	BAR	Leibcompany	07, Montreal, Canada	23.12.1776
1296	Keller	Jacob	Gundersblum		1763	BAR	Capt. Thomae	07, Montreal, Canada	03.12.1776
1297	Kellermann	Friedrich	Lamme	38116	1732	SPE	Capt. v. Lützow	**16, Canada**	27.07.1783
1298	Kellermann	Philipp	Gandersheim	37581	1740	1.Rec		07, Canada	02.06.1782
1299	Kempe	Christian	Klein Elbe	38274	1763	PFR	Capt. v. Tunderfeld	07, Quebec	22.07.1776
1300	Kerber	Anton	Ahlshausen	37547	1742	vRH	Capt. Alers	11, 12a	
1301	Kerth	Carl	Walterssen		1747	2.Rec		**16, Canada**	17.07.1783
1302	Kessler	Gottfried	Achtern		1740	1.Rec		07, Canada	06.04.1778
1303	Kessler	Jacob	*Hessischen*		1759	4.Rec		13, Hess.-Service	22.06.1782
1304	Kestner	Johann	Schuttenburg		1761	BAR	Capt. Thomae	11, 33	
1305	Kestner	Johann	Einbeck	37574	1762	BAR	Capt. Thomae	11, 33	
1306	Kettner	Johann Andreas	Schafhausen		1750	BAR	Capt. Thomae	**16, Canada**	27.06.1783
1307	Keunberg	Andreas	Jerxheim	38381	1744	RIE	Capt. v. Pöllnitz	(C), 11, 07, Fishkill	31.12.1778
1308	Keune	Andreas	Uehrde	38170	1738	PFR	Obristlt. Praetorius	07, Canada	23.10.1776
1309	Keune	Heinrich	Sandkamp	38442	1753	vRH	Capt. Alers	07, Carillion	27.07.1777
1310	Keutz	August	Grävenhagen		1765	RIE	Capt. Morgenstern	07, Trois Riviere	02.12.1776
1311	Kieser	Gottlieb	Lebensdorf		1762	1.Rec		07b, Lac St.Pierre	19.01.1779
1312	Kieser	Johann	Trewsdorf		1760	2.Rec		07b, Lac St.Pierre	19.01.1779
1313	Kiessel	Johann	Mainz	55118	1749	2.Rec		07, Canada	18.11.1778
1314	Kinberger	Johann	Ellwangen	73479	1735	BAR	Capt. Dommes	(C), 11, 12, Winter Hill	11.11.1778

#	Surname	Given name	Place	ID	Year	Unit	Company	Location	Date
1315	Kind	Ferdinand	Zorge	37449	1760	RIE	Obrist von Speth	11, 12, Frederick	28.12.1778
1316	Kindervater	Johann	Holle	31188	1753	BAR	Capt. Thomae	07, Canada	01.10.1776
1317	Kindinger	Caspar	Wirsenbach		1758	BAR	Capt. Dommes	07	16.09.1777
1318	Kintzel	Andreas	Nürnberg	90404	1739	2.Rec		07, 23	02.09.1778
1319	Kirchhäuser	Gottfried	Schwürbeck		1764	2.Rec		07, Canada	08.10.1780
1320	Kirchhoff	Heinrich	Bornum	38154	1724	PFR	Capt. Diedrichs	07, Vergeres	01.11.1779
1321.	Kirchhoff	Friedrich	Barmke	38350	1736	RIE	Leibcompany	34	
1322	Kirchhoff	Christoph	Benneckenstein	38877	1753	RIE	Capt. v. Pöllnitz	11, 33	
1323	Kirchhoff	Jürgen	Süpplingen	38373	1754	RIE	Capt. v. Pöllnitz	11, 33	
1324	Kirchhoff	August Andreas	Helmstedt	38350	1743	RIE	Capt. Morgenstern	11, 12, Frederick	29.12.1778
1325	Kirchmeyer	Albrecht	Wiesbach		1754	BAR	Capt. v. Geusau	07, Canada	24.12.1776
1326	Kirchner	Martin Christian	Petersberg	36251	1761	2.Rec		07, St.Jean, Canada	25.06.1781
1327	Kirsch	Heinrich	Algermissen	31191	1731	RIE	Vacant company	11, 33	
1328	Klages	Conrad	Bockrum		1733	RIE	Capt. v. Pöllnitz	(C), 11, 07, Virginia	16.06.1782
1329	Klages	Heinrich	Groß Denkte	38321	1762	SPE	Major v. Ehrenkrook	(C), 11, 12, Nobletown	29.11.1777
1330	Klamrott	Heinrich	Flachstöckheim	38259	1758	PFR	Obristlt. Praetorius	07, Berthier, Canada	23.02.1778
1331	Klamrott	Heinrich	Blankenburg	38889	1743	RIE	Capt. Morgenstern	(C), 11, 12, Winter Hill	05.11.1778
1332	Klapproth	Ernst	Nordhausen	99734	1757	PFR	Leibcompany	29.07.1783	
1333	Klatter (KA)	Jacob		CH	1750	BAR	Capt. v. Geusau	**16, Canada**	
1334	Klaue	Heinrich	Hessen-Darmstadt		1760	DRA	Leibcompany	11, 33	
1335	Kleemann	Adam	Reitlingen		1755	2.Rec		07, Trois Riviere	26.05.1777
1336	Klein	Heinrich Adolph	Berslau		1743	2.Rec		**16, Canada**	25.06.1783
1337	Kleinbecker		Münden	34346	1748	BAR	Jägercompany	07b, Lac St.Pierre	19.01.1779
1338	Kleine	Matthias	Winnigstedt	38170	1757	SPE	Leibcompany	11, 33	
1339	Kleinert	Christoph	Braunschweig	38100	1745	RIE	Vacant company	(C), 11, 12, Kinderhook	23.10.1777
1340	Kleinert	Carl	Prag	CSR	1754	2.Rec		11, 33	
1341	Kleinschmidt	Caspar Friedrich	Ober Reussen		1742	2.Rec		**16, Canada**	30.06.1783
1342	Kletscher	Johann	Merseburg	06217	1758	1.Rec		**16, Canada**	23.06.1783
1343	Klincker	Georg	Wickensen	37632	1744	BAR	Leibcompany	**16, Canada**	30.06.1783
1344	Klinge	Arend	Hannoverischen		1761	2.Rec		(C), 11, 07, Virginia	16.07.1779
1345	Klingenbrunn	Nicolas	Wien	A	1760	2.Rec		**16, Canada**	28.06.1783
								16, Canada	24.07.1783

Index, The Brunswick Troops in North - America 1776 - 1783

#	Surname	Given name	Place	ID	Year	Unit	Rank/Company	Company detail	Loc	Date
1346	Klintzmann	Christoph	Calvörde	39359	1753	GRE	Obristlt. v. Mengen		11, 33	
1347	Klockenthor	Johann	Achim	38312	1757	DRA	Obristlt. Baum		07, Canada	30.07.1776
1348	Klosterbauer	Sebastian	Dankhof		1762	3.Rec			16, Canada	25.07.1783
1349	Kludius	August	Braunschweig	38100	1752	SPE	Capt. v. Plessen		16, Canada	23.07.1783
1350	Klug	Andreas	Ober Mores		1761	DRA	Generalmaj.v.Riedesel		06, Bennington	16.08.1777
1351	Kluge	August	Berlin	10178	1742	1.Rec			16, Canada	23.07.1783
1352	Klussmann	Daniel	Erscherode		1757	2.Rec			16, Canada	28.07.1783
1353	Knabe	Gottlieb	Wellen		1758	BAR	Jägercompany		11, 33	
1354	Knabe	Phillip	Sachsenburg	06578	1751	5.Rec			07, New York	25.10.1781
1355	Knackstedt	Ludewig	Greene	37547	1761	SPE	Capt. v. Lützow		34	
1356	Knauff	Gottfried	Steinbach		1760	2.Rec			12, Canada	05.07.1783
1357	Kniep	Christian	Schöningen	38364	1759	DRA	Leibcompany		11, Northampton	
1358	Knigge	Heinrich	Wendhausen	38165	1747	DRA	Major v. Meibom		06, Bennington	16.08.1777
1359	Knigge	Christian	Groß Denkte	38321	1739	BAR	Capt. Dommes		07, Quebec	30.10.1776
1360	Knoche	Johann	Hardenberg	37176	1745	RIE	Capt. Morgenstern		07, Canada	11.07.1782
1361	Knothe	Friedrich	Hameln	31785	1739	6.Rec			07, Canada	26.09.1782
1362	Knopf	Christian	Blankenburg	38889	1754	RIE	Leibcompany		(C), 11, 12, Virginia	09.03.1779
1363	Knopf	Heinrich	Wolfenbüttel	38304	1753	BAR	Capt. v. Geusau		(C), 11, 12, Virginia	07.01.1779
1364	Knüppel	Heinrich	Groß Büten	31241	1751	vRH	Capt. Alers		34	
1365	Knust	Andreas	Königslutter	38154	1756	GRE	Capt. v. Löhneisen		12, 07	17.01.1779
1366	Knust	Andreas	Hohendorf		1758	PFR	Obristlt. v. Hille		16, Canada	29.07.1783
1367	*Koch (TB)*	Zacharias	Langelsheim	38685	1763	BAR	Capt. v. Geusau		12, New York	05.05.1781
1368	Koch	Friedrich	Wolfenbüttel	38304	1747	DRA	Major v. Meibom		06, Bennington	16.08.1777
1369	Koch	Johann	Kranzleben		1737	GRE	Capt. v. Bärting		(C), 11, 07, Cambridge	15.12.1777
1370	Koch	Andreas	Lüde		1742	GRE	Capt. v. Löhneisen		06, Bennington	16.08.1777
1371	Koch	Heinrich	Hessen	38835	1747	GRE	Capt. v. Schieck		(C), 11, 07, Cambridge	12.09.1778
1372	Koch	Heinrich	Bevern	37639	1745	PFR	Capt. v. Tunderfeld		07, Canada	24.02.1781
1373	Koch	Andreas	Stiege	38899	1763	vRH	Obristlt. v. Ehrenkrook		(C), 11, 12, Lancaster	19.12.1778
1374	Koch	Johann	Einbeck	37574	1762	vRH	Capt. v. Schlagenteufel		(C), 11, 12, Winter Hill	08.12.1777
1375	Koch	Johann	Harzburg	38667	1745	RIE	Leibcompany		(C), 11, 07, Reading	18.11.1781
1376	Koch	Andreas	Quedlinburg	06484	1738	SPE	Leibcompany		11, 33	

Index, The Brunswick Troops in North - America 1776 - 1783

#	Surname	Given Name	Place	ID	Year	Unit	Company	Location	Date
1377	Koch	Heinrich	Harzburg	38667	1739	SPE	Major v. Ehrenkrook	11, 33	
1378	Koch	Anton	Harzburg	38667	1742	SPE	Major v. Ehremkrook	16, Canada	22.07.1783
1379	Koch	Christoph	Calvörde	39359	1741	SPE	Capt. v. Lützow	(C), 11, 07, Albany	04.12.1777
1380	Koch	Daniel	Dankelsheim	37581	1740	SPE	Capt. v. Lützow	34	
1381	Koch	Johann Ernst	Salzderhelden	37574	1754	BAR	Capt. Thomae	16, Canada	27.06.1783
1382	Koch	Heinrich	Sachsen Weimar		1754	3.Rec		16, Canada	25.06.1783
1383	Koch	Johann Heinrich	Golmbach	37640	1743	3.Rec		16, Canada	30.07.1783
1384	Köhler	Andreas	Königslutter	38154	1748	GRE	Obristlt. v. Mengen	11, 33	17.07.1783
1385	Köhler	Nicolaus	Winsheim		1739	2.Rec		16, Canada	
1386	Köhler	Christian	Harzburg	38667	1747	5.Rec		16, Canada	25.07.1783
1387	Köhr	Philipp	Eisenach	99817	1756	BAR	Leibcomoany	11, 33	
1388	Köhr	Albrecht Ulrich			1754	BAR	Capt. v. Geusau	(C), 11, 12, Palmer	18.11.1778
1389	Kölle	Johann	Schwanebeck	39397	1759	2.Rec		07a, Ile aux Noix, Can.	15.10.1782
1390	Köller	Franz	Schwalenberg	32816	1759	GRE	Capt. v. Bärtling	11, 12a	
1391	Köller	Philipp	Hessen-Hanau		1753	BAR	Capt. Dommes	16, Canada	26.06.1783
1392	Kömpe	Heinrich	Bernhausen	70794	1756	BAR	Capt. Thomae	11, 33	
1393	Könnecke	Rudolph	Schlewecke	38667	1748	SPE	Capt. v. Dahlstierna	(C) 11, 07, Winchester	10.03.1781
1394	König (LT)	Victor von	Osterwieck	38835	1753	PFR	Leibcompany	16, Canada	29.07.1783
1395	König	Christoph	Einum	31135	1761	1.Rec		07, Montreal	09.12.1777
1396	König	Arnold	Einbeck	37574	1745	1.Rec		16, Canada	02.08.1783
1397	König	Johann	Groß Brunsrode	38165	1763	SPE	Leibcompany	06, Freeman's Farm	07.10.1777
1398	König	Carl	Magdeburg	39104	1755	BAR	Jägercompany	11, 33	
1399	König	Andreas	Kelben		1750	BAR	Leibcompany	07, St.Francois	13.12.1776
1400	König	Friedrich	Klümpe		1761	2.Rec		16, Canada	24.07.1783
1401	König	Johann	Langenfeld		1761	5.Rec		16, Canada	24.07.1783
1402	Köpper	Elias	Einbeck	37574	1759	vRH	Capt. v. Schlagenteufel	(C), 11, 12, Winter Hill	09.07.1778
1403	Körber	Johann	Bernburg	06406	1747	2.Rec		16, Canada	25.06.1783
1404	Körner	Ludewig	Ahlshausen	37547	1738	vRH	Major v. Lucke	11, 12, Fredrick	27.12.1778
1405	Körtge	Friedrich	Wolfenbüttel	38304	1725	GRE	Obristlt. v. Mengen	(C), 11, 07, Cambridge	01.12.1777
1406	Köter	Wilhelm	Woemenau?		1758	PFR	Leibcompany	07, Canada	12.07.1776
1407	Kohle	Michael	Sonneborn		1759	BAR	Capt. Dommes	16, Canada	25.07.1783

Index, The Brunswick Troops in North - America 1776 - 1783

#	Surname	Given name	Birthplace	ID	Year	Unit	Company	Location	Date
1408	Kohlenberg	Heinrich	Dielmissen	37633	1748	PFR	Obristlt. Praetorius	07, Berthier, Canada	05.12.1777
1409	Kohlenberg	Johann Andreas	Wickensen	37632	1757	RIE	Capt. Morgenstern	(C), 11, 12, Kinderhook	27.10.1777
1410	Kohlstock	Christoph	Helmstedt	38350	1754	RIE	Capt. v. Pöllnitz	34	
1411	Kolbe	Christian	Sachsen		1737	GRE	Capt. v. Bärtling	34	
1412	Kolbe	Gottfried	Allrode	06507	1749	RIE	Vacant company	06, Freeman's Farm	07.10.1777
1413	Kolbe	Christoph	Eisleben	06295	1763	RIE	Vacant company	(C), 31, Winter Hill	29.05.1778
1414.	Kolmütz	Georg	Prenzlau	1:7291	1762	2.Rec		07a, Canada.	08.05.1780
1415	Koppe	Friedrich	Edissen		1757	5.Rec		12, Canada	29.07.1783
1416	Koppel	Johann Christian	Sachsen		1752	4.Rec		07, 23, Sandy Hook	28.07.1781
1417	Korn	Gottfried	Lampsringe	31195	1752	6.Rec		07, 23	16.07.1783
1418	Korreus	Johann	Alsfeld	36304	1752	BAR	Leibcompany	11, 33	
1419	Kors (KA)	Heinrich	Hildesheim	31134	1755	BAR	Capt. Dommes	07, Canada	08.01.1777
1420	Kohse	Francois	Franche Comte	F	1735	RIE	Obrist v. Speth	11, 12a	
1421	Kotte (LT)	Johann Georg	Tilsit		1724	BAR	Capt. v. Geusau	07, Canada	26.09.1776
1422	Kotte (FN)								
1423	Kowald	Johann	Rostock	18055	1761	4.Rec		12, Canada	02.08.1782
1424	Krach	Gottlieb	Königsberg		1758	BAR	Jägercompany	11, 33	
1425	Kräfft	Heinrich	Biewende	38319	1744	RIE	Leibcompany	11, 10, Virginia	
1426	Kräfft	Heinrich	Warberg	38378	1728	SPE	Major v. Ehrenkrook	05	
1427	Kräfft	Franz	Braunschweig	38100	1754	SPE	Capt. v. Dahlstierna	07, Montreal	06.10.1777
1428	Kräfft	Friedrich Wilhelm	Braunschweig	38100	1755	PFR	Obristlt. Praetorius	07a, Riviere du Loop	09.04.1777
1429	Krähan	Christian	Reindorf		1759	6.Rec		19.07.1783	
1430	Krähane	Heinrich	Braunschweig	38100	1751	RIE	Obrist v. Speth	12, Canada	26.06.1783
1431	Kräntzky	Carl	Stettin	96047	1745	GRE	Capt. v. Löhneisen	11, 34, Albany	
1432	Krafft	Franz	Bamberg		1758	BAR	Capt. v. Geusau	16, Canada	27.06.1783
1433	Kramer	David	Lattenstedt		1745	RIE	Obrist v. Speth	11, 33	
1434	Kranz	Wilhelm	Leipzig	04103	1737	SPE	Major v. Ehrenkrook	07, Canada	11.11.1776
1435	Kratikofsky	Friedrich	Marienburg		1759	BAR	Jägercompany	16, Canada	23.07.1783
1436	Kraul	Johann	Nürnberg	90402	1746	BAR	Capt. Thomae	(C), 11, 12, Virginia	06.07.1779
1437	Krause	Andreas	Birsenthal	16359	1745	BAR	Jägercompany	07, Montreal	26.11.1776
1438	Krebs	Heinrich	Mühlhausen		1727	RIE	Leibcompany	(C), 11, 07, Cambridge	14.01.1778

#	Surname	Given name	Place	ID	Birth	Unit	Company	Location	Date
1439	Kreickenbaum	Jürgen	Gittelde	37534	1741	vRH	Obristlt. v. Ehrenkrook	12	26.10.1777
1440	Kreickenborn	Christian	Koppengraben			vRH	Leibcompany	09, 06, Albany	14.12.1777
1441	Kreickenborn	Andreas	**Beddingen**	38226	1761	RIE	Leibcompany	07, Trois Riviere	07.12.1776
1442	Kreickenborn	Diedrich	Einnenborn	37632	1762	RIE	Capt. v. Pöllnitz	(C), 11, 12, N.-Hanover	24.12.1778
1443	Kreickenborn	Conrad	**Wickensen**		1738	BAR	Capt. v. Geusau	34	
1444	Krendel	Heinrich	**Cramme**	38312	1735	RIE	Capt. Morgenstern	**16, Canada**	25.06.1783
1445	Krepper	Christoph	Coburg	96450	1753	PFR	Obristlt. v. Hillr	**16, Canada**	29.07.1783
1446	Kress	Johann	Greistenfeld		1757	2.Rec		07, Canada	10.05.1779
1447	Kress	Johann Michael	Lobensbach		1753	2.Rec		**16, Canada**	23.07.1783
1448	Kretsch	Leonhard	Fürth	90766	1760	3.Rec		07, Canada	25.05.1783
1449	Kretschmar	Christian	Quedlinburg	06484	1760	BAR	Leibcompany	07, Canada	27.09.1776
1450	Kretz	David	Urbach		1740	4.Rec		07, 23	24.08.1780
1451	Kreupe	Johann	**Heerte**	38226	1750	GRE	Capt. v. Schieck	03.09.1777	
1452	Kreusel	Johann	Schwandt	17091	1767	2.Rec		07, 23	15.09.1778
1453	Kreuter	Friedrich	**Merxhausen**	37627	1747	vRH	Leibcompany	34	
1454	Kreutzer	Christoph	Kreiderode		1757	2.Rec		**16, Canada**	29.07.1783
1455	Krieg	Johann Friedrich	**Braunschweig**	38100	1761	BAR	Capt. Dommes	07, Canada	03.08.1783
1456	Krieg	Johann Gottfried	Nordhausen	99734	1717	3.Rec		**16, Canada**	24.06.1783
1457	Krietz	Franz Michael	Kemmel		1762	2.Rec		07, 23	05.09.1778
1458	Kröckel	Andreas	**Grasleben**	38368	1764	vRH	Major v. Lucke	11, 33	
1459	Kroll	Nicolaus	Kiel	24103	1746	SPE	Capt. v. Plessen	(C), 11, 12	18.12.1778
1460	Krug	Johann Adam	Eschwege	37269	1754	BAR	Leibcompany	**16, Canada**	23.06.1783
1461	Krüger	Georg	Beckenburg		1739	GRE	Capt. v. Bärtling	11, 12a	
1462	Krüger	Christoph	Machthausen		1744	SPE	Major v. Ehrenkrook	(C), 11, 12, Winter Hill	09.07.1778
1463	Krüger	Andreas	Osterode	37520	1766	SPE	Capt. v. Dahlstierna	07, St Sulpice, Canada	13.03.1780
1464	Krüger	Johann	**Braunschweig**	38100	1730	DRA	Obristlt. Baum	(C), 11, 12, Virginia	15.08.1779
1465	Krull	Heinrich	Kiel	24103	1759	1.Rec		**16, Canada**	23.06.1783
1466	Kruse	Caspar	Kalbrechte		1743	RIE	Capt. v. Pöllnitz	11, 12a	
1467	Kruse	Georg	Minden	32427	1731	2.Rec		**16, Canada**	17.06.1783
1468	Kruse	Rudolph	**Braunschweig**	38100	1740	4.Rec		07, Canada	16.06.1782
1469	Krusius	Johann	Bronstedt		1764	BAR	Capt. Thomae	(C), 11, 12, Kinderhook	22.10.1777

Index, The Brunswick Troops in North - America 1776 - 1783

#	Surname	Given name	Birthplace	ID	Year	Unit	Company	Location	Date
1470	Kreye	Johann Heinrich	Lesse	38226	1760	6.Rec		07, 23	20.08.1782
1471	Kuckuck	Urban	Hegende				Leibcompany	11, 33	
1472	Kuffener	Johann Ludewig	Pappenheim	91788	1758	BAR		**12, Canada**	03.07.1783
1473	Kugeler	Caspar	Burg Bamberg		1742	3.Rec		**16, Canada**	25.06.1783
1474	Kugelmann	Jacob	*Deutsch Lothringen*		1756	2.Rec	Capt. v. Bärtling	(C), 11, 07, Cambridge	28.08.1778
1475	Kuhlmann	Johann	Berlin	10178	1734	GRE	Stab, (Staff)	07, La Prairie, Canada	31.07.1776
1476	Kuhlmeyer	Christoph	Schwanefeld	39343	1759	RIE	Obristlt. v. Ehrenkrook	09, 06	16.10.1777
1477	**Küchenm.(KA)**	Andreas	Eisenach	99817	1752	vRH	Obristlt. Praetorius	07, Canada	05.07.1782
1478	Kügelan	Franz	Gebbensleben		1722	PFR	Leibcompany	11, 12, Worcester	12.11.1778
1479	Kühle	August	**Helmstedt**	38350	1750	RIE	Capt. v. Schlagenteufel	07, Canada	10.10.1777
1480	Kühne	Ferdinand	Küssenbrück		1727	vRH	Capt. v. Lohneisen	07, Canada	25.12.1776
1481	Kühne	Johann Jacob	**Jerxheim**	38381	1736	GRE	Capt. v. Löhneisen	07, Canada	13.11.1776
1482	Kühne	Christian	Halberstadt	38820	1744	PFR	Obristlt. Praetorius	07b	15.01.1778
1483	Kühne	Christoph	Lenge		1743	vRH	Obristlt. v. Ehrenkrook	(C), 11, 07, Cambridge	17.04.1778
1484	Kühne	Christian	**Bevern**	37639	1746	SPE	Capt. v. Dahlstierna	11, 33	
1485	Kühne	Caspar	Darmstadt	64283	1757	BAR	Jägercompany	(C), 11, 12, Virginia	08.01.1779
1486	Kühnholz	Christoph	**Hütterode**	38889	1748	vRH	Capt. v. Schlagenteufel	11, 33	
1487	Kümmel	Friedrich	Fürth	90766	1755	2.Rec		**16, Canada**	25.06.1783
1488	Kümpe	Friedrich	Geisewitz		1751	BAR	Capt. Thomae	07a, Quebec	19.09.1776
1489	Künne	Peter	**Gevensleben**	38384	1746	RIE	Capt. v. Pöllnitz	34	
1490	Künstler	Christoph	Breitenworbis	37339	1756	SPE	Capt. v. Plessen	11, 12, Montgomery	15.12.1778
1491	Kulemann	Gebhard	**Negenborn**	37643	1759	vRH	Leibcompany	11, 33	
1492	Kulemann	Johann	**Braunschweig**	38100	1734	SPE	Capt. v. Plessen	34	
1493	Kumpf	Christoph	Niedorf, Böhmen		1743	vRH	Leibcompany	**16, Canada**	25.06.1783
1494	Kundelach	Johann Christian	**Delligsen**	31073	1740	DRA	Obristlt. Baum	**16, Canada**	01.08.1783
1495	Kunert	Friedrich	Frössen	07926	1755	RIE	Capt. Morgenstern	11, *12a*	
1496	Kunst	Heinrich	**Süpplingen**	38373	1757	DRA	Obristlt. Baum	11, Boston	
1497	Kunstmann	Bernhard	Köthen	06366	1756	3.Rec		**16, Canada**	24.07.1783
1498	Kuny	Georg	Ansbach	91522	1744	3.Rec		**12, Canada**	29.07.1783
1499	Kupfer	Georg	Wilsstein		1761	PFR	Obristlt. v. Hille	**16, Canada**	29.07.1783
1500	Kupfer	Johann	Estelding		1760	BAR	Capt. Thomae	07b, Nicolet	03.12.1776

#	Surname	Given name	Place	ID	Year	Unit	Officer	Location	Date
1501	Kuppius	Christian	Schöppenstedt	38170	1761	PFR	Capt. Diedrichs	07a, Vergere	12.08.1779
1502	Kurtz	Johann	Stockhausen		1760	DRA	Generalmaj. v. Riedesel	(C), 11, 07, Boston	05.07.1780
1503	Kutschera	Wenzel	Gmund, Böhmen		1744	SPE	Capt. v. Dahlstierna	07, Trois Riviere	14.10.1782
1504	Lahr	Jacob	Alshey		1752	SPE	Capt. v. Lützow	12, Saratoga	10.10.1777
1505	Lamar	Anton	Normandie	F	1747	3.Rec		**16, Canada**	26.06.1783
1506	Lambert	Nicolaus	Picardie	F	1739	vRH	Obristlt. v. Ehrenkrook	**16, Canada**	25.07.1783
1507	Lambrecht	August	Vorsfelde	38448	.1756	SPE.	Leibcompany	**16, Canada**	11.03.1782
1508	Lambrecht	Christian	**Braunschweig**	38100	1752	PFR	Obristlt. v. Hille	07, Canada	30.09.1776
1509	Lammers	Friedrich	**Bevern**	37639	1741	GRE	Capt. v. Bärtling	07, 23	20.05.1776
1510	Lampe	Zacharias	**Gittelde**	37534	1725	GRE	Capt. v. Schieck	09, 06, (Bennington)	23.08.1777
1511	Lampe	Heinrich	**Lichtenberg**	38226	1763	vRH	Obristlt. v. Ehrenkrook	(C), 11, 12, Potomac	30.12.1778
1512	Lampe	Matthias	**Fümmelse**	38304	1749	vRH	Major v. Lucke	34	
1513	Lampe	Balthasar	**Thiede**	38239	1732	vRH	Capt. v. Schlagenteufel	11, 33	
1514	Lampe	Rudolph	**Blankenburg**	38889	1739	RIE	Leibcompany	34	
1515	Lampe	Friedrich	Böthel		1743	BAR	Capt. Dommes	12, Castleton	20.07.1777
1516	Lampers	Franz	Striegau		1756	BAR	Jägercompany	11, 33	
1517	Lange	Johann	Lauterbach	36341	1759	DRA	Obristlt. Baum	11, 12, Cambridge	16.05.1778
1518	Lange	Wilhelm	**Harderode**	31863	1754	DRA	Obristlt. Baum	11, Salem	
1519	Lange	Heinrich	**Seesen**	38723	1760	SPE	Leibcompany	(C), 11, 12, Salisbury	19.12.1778
1520	Lange	Martin	Halberstadt	38820	1766	1.Rec		**12, Canada**	21.03.1778
1521	Lange	Zacharias	Dettleben		1761	BAR	Capt. v. Geusau	07, Canada	28.09.1776
1522	Lange	Matthias	Kloster Scheuren		1760	2.Rec		**31, Canada**	09.06.1780
1523	Lange	Conrad Christian	Hannover	30159	1758	2.Rec		**16, Canada**	23.07.1783
1524	Lange	Christoph	**Halle**	37620	1759	2.Rec		**16, Canada**	25.06.1783
1525	Lange	Franz	Wien	A	1742	vRH	Obristlt. v. Ehrenkrook	11, 12a	
1526	Lange	Sigmund	Eisleben	06295	1753	BAR	Capt. v. Geusau	11, 12a	
1527	Langelüddcke	Heinrich	Bertlingen		1751	SPE	Capt. v. Dahlstierna	12, Bennington	00.08.1777
1528	**Langemeyer (R)**	Wilhelm	**Braunschweig**	38100		G.S.	General Stab, (G.Staff)	**16, Canada**	00.08.1783
1529	Langemeyer	Wilhelm	**Immendorf**	38226	1756	GRE	Capt. v. Bärtling	12, (second time)	00.00.1780
1530	Langendorff	Peter	Gramau	F	1763	5.Rec		07, New York	22.11.1781
1531	Langens	Valentin	Holzen	37632	1754	BAR	Leibcompany	**16, Canada**	04.07.1783

#	Surname	Given Name	Birthplace	ID	Birth Year	Unit	Rank/Company	Notes	Date
1532	Langheld	Wilhelm	Knirstrot	38170	1755	DRA	Major v. Meibom	11, 33	
1533	Langkops	Heinrich	**Kneitlingen**	38170	1748	RIE	Capt. v. Pöllnitz	**16, Canada**	25.06.1783
1534	Langreddel	Andreas	Neuwerk	38889	1731	BAR	Capt. v. Geusau	34	
1535	Lanzinger	Johann	Schorbingen		1760	2.Rec		**16, Canada**	25.06.1783
1536	Lappe	Heinrich	**Geitelde**	38122	1764	vRH	Capt. v. Schlagenteufel	(C), 11, 12, Winter Hill	24.02.1778
1537	Larsch	Johann	Schweidnitz		1757	1.Rec		**16, Canada**	29.07.1783
1538	Lattermann	August	**Langelsheim**	38685	1761	BAR	Capt. Thomae	**16, Canada**	23.07.1783
1539	Lattmann	Heinrich	**Wolfenbüttel**	38304	1740	BAR	Jägercompany	**16, Canada**	01.08.1783
1540	Laub	Sebastian	**Schlewecke**	38667	1734	GRE	Capt. v. Bärtling	(C), 11, 07, Cambridge	20.07.1778
1541	Lauer	Johann Conrad	Holzheim		1755	2.Rec		**16, Canada**	19.07.1783
1542	Leepcke	Joachim	**Elsebeck**	39638	1750	SPE	Capt. v. Plessen	(C), 11, 12, Springfield	30.10.1777
1543	Leffert	Johann Philipp	Potsdam	14467	1758	2.Rec		**16, Canada**	23.07.1783
1544	Lehmann	Gottfried	Dessau	06844	1723	GRE	Obristt. Mengen	11, 33	
1545	Lehmann	Hermann	**Hedeper**	38322	1734	vRH	Capt. v. Schlagenteufel	07, Canada	29.10.1776
1546	Lehrmann	Peter	**Lehre**	38165	1729	vRH	Major v. Lucke	07, Canada	10.11.1776
1547	Leibheit	Johann	**Walkenried**	37445	1752	BAR	Capt. Thomae	06, Bennington	16.08.1777
1548	Leibheit	Heinrich	**Braunschweig**	38100	1755	SPE	Capt. v. Lützow	11, 12a	
1549	Leich	Ludewig	Wendersleben		1753	RIE	Capt. Morgenstern	11, 33	
1550	Leifheit	Johann	Goslar	38642	1756	SPE	Capt. v. Lützow	(C), 11, 12	26.12.1778
1551	Leiste	Andreas	Hormhausen		1760	SPE	Capt. v. Löhneisen	07, Canada	07.01.1777
1552	Leithoff	Christian	Rheinstedt		1756	GRE	Leibcompany	12, Freeman's Farm	04.10.1777
1553	Lelle	Johann	Göppingen	73033	1756	BAR	Obristtt. Baum	**12, Canada**	22.09.1776
1554	Lemberger	Andreas	Bennenrode	37547	1759	DRA		**16, Canada**	24.07.1783
1555	Lentz	Jacob	Brume		1733	3.Rec		**16, Canada**	23.07.1783
1556	Leonhard	Caspar	Schwäbisch-Hall	74523	1754	1.Rec		07, Yamasca, Canada	16.10.1776
1557	Lerche	Ludewig	**Greene**	37547	1763	BAR	Jägercompany	07, Canada	20.02.1778
1558	Lerche	Heinrich	**Schladen**	38315	1739	BAR	Capt. Dommes	34	
1559	Lessmann	Wilhelm	**Dennsen**	37627	1749	vRH	Capt. Alers	11, 33	
1560	Leydolf	Johann	**Walkenried**	37445	1746	BAR	Capt. Thomae	**16, Canada**	24.07.1783
1561	Leyer	Johann Andreas	Faulenbach		1762	3.Rec		(C), 11, 12, Winter Hill	21.07.1778
1562	Leywald	Christian	**Ahlshausen**	37547	1759	GRE	Obristtt. v. Mengen		

Index, The Brunswick Troops in North - America 1776 - 1783

#	Surname	Given name	Birthplace	ID	Born	Unit	Company	Location	Date
1563	Leywold	Christian	Hartehausen		1755	GRE	Obristlt. v. Mengen	(C), 11, 12, Winter Hill	21.09.1778
1564	Liebau	Heinrich	Schlottheim		1756	vRH	Capt. v. Schlagenteufel	(C), 11, 12, Nobletown	24.10.1777
1565	Liebau	Christian	Sachsen-Gotha		1751	1.Rec		16, Canada	30.06.1783
1566	Liebe	David	Niederlausitz		1746	GRE	Capt. v. Löhneisen	07, New York	26.02.1783
1567	Liebheit	Christian	Hennham		1732	BAR	Capt. Dommes	11, 33	
1568	Lieffert	Lorenz	Trier	54290	1759	PFR	Obristlt. v. Hille	16, Canada	29.07.1783
1569	Liehs	Christian	Braunschweig	38100	1760	DRA	Generalmaj.v.Riedesel	07, killed by tree, Can.	16.05.1778
1570	Liehs	Wilhelm	Twülpstedt	38464	1733	RIE	Vacant company	34	
1571	Lilly (KA)	Gottfried	Wolfenbüttel	38304	1747	1.Rec	Capt. v. Lützow	16, Canada	26.07.1783
1572	Linckost	Heinrich	Wasserborn		1749	SPE		11, 33	
1573	Lindau	Johann Heinrich	Amt Hessen		1762	3.Rec		12, Canada	27.06.1783
1574	Linde	Christian	Groß Denkte	38321	1762	DRA	Leibcompany	06, Bennington	16.08.1777
1575	Linde	Carl	Halberstadt	38820	1745	4.Rec		07, 23	22.08.1781
1576	Lindwurm	Wilhelm	Stockhausen	36358	1755	GRE	Capt. v. Löhneisen	16, Canada	21.07.1783
1577	Linne	Johann	Stumpfwedel		1762	4.Rec		12, Canada	05.07.1783
1578	Linnemann	Johann	Binderlah		1749	BAR	Jägercompany	(C), 11, 07, Cambridge	05.01.1778
1579	Lipcke	Joachim	Zöbbenitz	39638	1743	SPE	Capt. v. Lützow	11, 33	
1580	Lippelt	Heinrich	Helmstedt	38350	1747	RIE	Capt. Morgenstern	34	
1581	Lippers	Heinrich	Geitelde	38122	1745	SPE	Leibcompany	(C), 11, 07, Virginia	09.03.1779
1582	Littge	Gebhard	Harlingerode	38667	1749	RIE	Capt. Morgenstern	11, 33	
1583	Löbegrün	Alexander	Stockholm	S	1737	GRE	Capt. v. Schieck	11, 33	
1584	Löde	Gottlieb	Liebenau	01778	1758	3.Rec		16, Canada	26.07.1783
1585	Lödell (FS)	Christian	Braunschweig	38100	1753	GRE	Capt. v. Löhneisen	16, Canada	21.07.1783
1586	Löfferer	Carl	Dresden	01067	1754	BAR	Leibcompany	16, Canada	23.07.1783
1587	Löfferer	Johann	Dannhausen	37581	1741	3.Rec		16, Canada	26.06.1783
1588	Löhmann	Johann	Stössingen		1753	3.Rec		16, Canada	23.06.1783
1589	Löhr	Heinrich	Braunschweig	38100	1755	vRH	Capt. v. Schlagenteufel	11, 12a	
1590	Löhr	Heinrich	Semmenstedt	38327	1743	RIE	Capt. v. Pöllnitz	34	
1591	Löhr	Daniel	Gebhardshagen	38229	1743	SPE	Major v. Ehrenkrook	07, hit by lightning, Virg	08.07.1780
1592	Löhrs	Christoph	Braunschweig	38100	1755	RIE	Vacant company	07, Montreal	08.08.1776
1593	Löhrs	Conrad	Groß Elbe	38274	1757	SPE	Capt. v. Plessen	11, 12a	

Index, The Brunswick Troops in North - America 1776 - 1783

#	Surname	Given name	Place	ID	Year	Unit	Rank/Company	Location	Date
1594	Löning	Johann	Walkenried	37445	1757	BAR	Capt. Thomae	07, Canada	10.10.1776
1595	Lösig	Gottfried	Elsen	CH	1747	2.Rec		07, 23	06.09.1778
1596	Löwe	Johann	Lauffen	CH	1758	2.Rec		12, Canada	25.05.1783
1597	Löwe	Joseph	Niederrode	36041	1752	3.Rec		16, Canada	24.07.1783
1598	Lohmann	Heinrich	Ackenhausen	37581	1745	GRE	Obristlt. v. Mengen	(C), 11, 07, Cambridge	04.10.1778
1599	Lohmann	Peter Heinrich	Denntorf		1754	RIE	Capt. v. Pöllnitz	(C), 11, 12, Blandfort	27.10.1777
1600	Lohse	Jacob	Neu Wallmoden	38729	1739	GRE	Capt. v. Schieck	06, Bennington	16.08.1777
1601	Loine	Francois	Besancon	F	1742	SPE	Capt. v. Dahlstierna	(C), 11, 12, New City	20.10.1777
1602	Lommerich	Friedrich	Gütersloh	33330	1743	GRE	Obristlt. Breymann	07, La Prairie	01.08.1776
1603	Longenhoff	Johann	Hessen	38835	1743	BAR	Leibcompany	11, 33	
1604	Lorberg	Johann	Opperhausen	37547	1763	SPE	Capt. v. Dahlstierna	(C), 11, 12, Newbury	01.12.1778
1605	Lorenz	Christian	Erzhausen	37547	1750	GRE	Capt. v. Bärtling	11, 12, Hampton	22.09.1778
1606	Lorenz	Johann	Naensen	37574	1747	vRH	Major v. Lucke	09, 06, Saratoga	14.10.1777
1607	Lorz	Heinrich	Zellerfeld	38678	1757	RIE	Leibcompany	(C), 11, 12, Cambridge	09.11.1778
1608	Lothsack	Andreas	Hannover	30169	1739	vRH	Capt. Alers	07	08.03.1777
1609	Loux de	Jaques	Flandern	B	1757	3.Rec		16, Canada	23.07.1783
1610	Lucht	Gustav	Stralsund	18437	1760	2.Rec		16, Canada	23.07.1783
1611	Lüchau	Conrad Heinrich	Eickendorf		1763	vRH	Obristlt. v. Ehrenkrook	(C), 11, 12, Hackettown	10.12.1778
1612	Lücke (KA)	Conrad	Körbecke	34434	1754	vRH	Major v. Lucke	12, Freeman's Farm	29.09.1777
1613	Lücke	August	Blankenburg	38889	1758	GRE	Capt. v. Bärtling	11, 33	
1614	Lücke	Friedrich	Groß Elbe	38274	1757	vRH	Leibcompany	11, 33	
1615	Lücke	Christian	Botzen		1759	BAR	Leibcompany	11, 33	
1616	Lüdde	Conrad	Bortfeld	38176	1755	vRH	Capt. v. Schlagenteufel	(C), 11, 12, Lewisburg	03.01.1779
1617	Lüdecke	Johann Philipp	Kildesheim	31134	1746	2.Rec		12, Canada	17.07.1781
1618	Lüders	Johann	Franfurt a. M.	60311	1749	BAR	Capt. Thomae	07, Fort St.Jean, Can.	07.10.1776
1619	Lühe	Christoph	Thiede	38239	1749	vRH	Obristlt. v. Ehrenkrook	11, 33	
1620	Lühr	Liborius	Harzburg	38667	1725	vRH	Leibcompany	(C), 11, 07, Virginia	01.09.1779
1621	Lühr	Heinrich	Groß Linde	19348	1744	vRH	Major v. Lucke	(C),11, 07a, Cambridge	27.06.1778
1622	Lührig	Johann	Greene	37537	1739	vRH	Major v. Lucke	07, Canada	17.05.1777
1623	Lüneburg	Friedrich	Braunschweig	38100	1761	RIE	Capt. v. Pöllnitz	(C), 11, 12, N.-Hanover	24.12.1778
1623	Lüppel	Johann	Glentorf	38154	1749	vRH	Leibcompany	06, Freeman's Farm	03.10.1777

#	Surname	Given name	Place	ID	Year	Unit	Company	Action	Date
1624	Lüters	Gottlieb	Salzfeld		1761	1.Rec		16, Canada	29.07.1783
1625	Lüttge	Christian	Ottleben	39393	1764	DRA	Obristlt. Baum	07, Canada	07.08.1776
1626	Lüttge	Johann	Gardeleben		1755	1.Rec		16, Canada	24.07.1783
1627	Lüttge	Christian	Landsberg	06188	1756	BAR	Leibcompany	11, 33	18.07.1783
1628	Lüttge	David	Amitz		1767	5.Rec		12, Canada	18.07.1783
1629	Lüttge	Christian	Landsberg	06188	1763	BAR	Leibcompany	06, Bennington	16.08.1777
1630	Luttmann	Johann	Schwegau	16845	1762	BAR	Capt. Thomae	11, 33	
1631	Lutz	Johann	Neustadt		1759	vRH	Major v. Lucke	07, Carillon	09.08.1777
1632	Lutz	Johann	Erbach		1758	2.Rec		16, Canada	25.07.1783
1633	Maack	Wlfgang	Rietland		1764	BAR	Capt. Dommes	07, Trois Riviere	03.02.1777
1634	Maasberg	Johann Heinrich	Hohen Assel	38272	1753	BAR	Leibcompany	(C), 11, 12, Virginia	08.01.1779
1635	Maatz	Heinrich	Goslar	38842	1761	PFR	Obristlt. v. Hille	07, Carillon	01.10.1777
1636	Macke	Christoph	Neuhaus	37603	1764	vRH	Major v. Lucke	07, Canada	28.08.1782
1637	Mackewitz	Johann	Braunschweig	38100	1745	vRH	Obristlt. v. Ehrenkrook	34	
1638	Männer	Christoph	Immendorf	38226	1746	vRH	Obristlt. v. Ehrenkrook	11, 33	
1639	Märtens	Heinrich	Gandersheim	37581	1751	vRH	Capt. v. Schlagenteufel	11, 12, Lewisborough	03.01.1779
1640	**Magnus (SG)**	August	Braunschweig	38100	1744	BAR	Capt. Dommes	06, Freeman's Farm	07.10.1777
1641	Mahnert	Julius	Braunschweig	38100	1741	vRH	Capt. Alers	11, 12a	
1642	Mährenholz	Johann	Wolfenbüttel	38304	1764	DRA	Stab, (Staff)	11, 12, New England	11.05.1779
1643	Mandel	Christoph	Hohenkirchen	34314	1755	RIE	Capt. Morgenstern	11, 12a	
1644	Mandel	Christoph	Dreutzendorf		1761	BAR	Leibcompany	(C), 11, 12, N.-Hanover	25.12.1778
1645	**Manecke (KA)**	Johann	Brockshausen		1753	GRE	Capt. v. Bärtling	16, Canada	17.07.1783
1646	Marckgraf	Heinrich	Grasleben	38368	1753	RIE	Vacant company	(C), 11, 07, Cambridge	19.07.1778
1647	Marckworth	Conrad	Salder	38226	1740	vRH	Obristlt. v. Ehrenkrook	11, 33	
1648	Markheyde	Johann	Groß Denkte	38321	1747	SPE	Leibcompany	07, New York	01.02.1782
1649	Martens	Johann	Salzliebenhall		1760	BAR	Jägercompany	11, 33	
1650	Martini	Ernst	Gandersheim	37581	1757	SPE	Leibcompany	(C), 11, 12, Virginia	25.01.1780
1651	Marx	Johann	Goslar	38842	1753	RIE	Capt. v. Pöllnitz	(C), 11, 12, Winter Hill	10.04.1778
1652	Marx	Daniel	Scharfoldendorf	37632	1745	SPE	Capt. v. Lützow	34	
1653	Marx	Johann Nicolas	Gemünden	35329	1763	3.Rec		07, Canada	15.02.1781
1654	Martzysky	Wilhelm	Halle	37620	1760	BAR	Capt. Dommes	06, Bennington	16.08.1777

Index, The Brunswick Troops in North - America 1776 - 1783

1655	**Maschmeyer(TB)**	Wilhelm	**Braunschweig**	38100	1737	PFR	Capt. Diedrichs	07, Canada	26.06.1776
1656	Maschweg	Michael	Nürnberg	90403	1755	GRE	Capt. v. Lähneisen	**16, Canada**	27.07.1783
1657	Mast	Moritz	**Harzburg**	38667	1751	RIE	Capt. Morgenstern	11, 12, Lancaster	20.12.1778
1658	Matthaes	Johann August	Kirchweden		1755	2.Rec		07, 23	28.08.1778
1659	Matthias	Johann	Brüssel	B	1732	RIE	Leibcompany	**16, Canada**	26.06.1783
1660	Mather	Georg	Bayreuth	95444	1751	1.Rec		07, 23	21.04.1777
1661	Maucke	Johann Friedrich	Breslau		1760	vRH	Leibcompany	(C), 11, 12, Winter Hill	11.11.1777
1662	Maue	Christian	Gadenstedt	31246	1760	GRE	Obristlt. v. Mengen	11, 12, Stanton	26.10.1779
1663	Mauer	Friedrich	**Wolfenbüttel**	38304	1748	PFR	Obristlt. v. Hille	07, St.Antoine, Can.	2207.1780
1664	Meck	Friedrich	Sewessen		1757	RIE	Capt. Morgenstern	(C), 11, 12, Winter Hill	05.11.1778
1665	Mecker	Franz	Marienburg	31141	1756	1.Rec		**16, Canada**	28.06.1783
1666	Meffert	Franz	Schwabach	91126	1760	2.Rec		**12, Canada**	26.05.1783
1667	**Mehrdorf (KA)**	Andreas	Hamburg	20095	1762	BAR	Capt. v. Geusau	07, St.Francois, Can.	03.09.1776
1668	Meinecke	Heinrich	**Braunschweig**	38100	1733	GRE	Capt. v. Bärtling	(C), 11, 07, Cambridge	09.08.1778
1669	Meinecke	Hans	Belzerode		1745	vRH	Capt. v. Schlagenteufel	11, 33	
1670	Meinecke	Heinrich	**Wolfenbüttel**	38304	1733	BAR	Capt. v. Geusau	(C), 11, 07, Cambridge	27.08.1778
1671	Meinecke	Johann	Gummern	29493	1752	1.Rec		**16, Canada**	30.07.1783
1672	Meinschein	Anton	**Wolfenbüttel**	38304	1758	RIE	Capt. Morgenstern	(C), 11, 12, Scottfield	19.11.1778
1673	**Meisner (TB)**	Theodor	Strigau		1764	RIE	Capt. v. Pöllnitz	(C), 11, 12, Winter Hill	27.07.1778
1674	Meisner	Gottfried	*Anhalt-Dessau*		1744	RIE	Obrist v. Speth	(C), 11, 12, Peterstown	26.12.1778
1675	Meisner	Conrad	Hamburg	20095	1733	1.Rec		07, 23	03.09.1783
1676	**Melzheimer (Pd)**	Carl	**Negenborn**	37643	1751	DRA	Stab, (Staff)	11, 12, New England	11.05.1779
1677	Menge	Johann	Kirchworbis	37339	1763	GRE	Obristlt. v. Mengen	07, Montreal	24.10.1776
1678	Mentzel	Johann	Christiansstadt		1757	3.Rec		**16, Canada**	16.07.1783
1679	Merckel	Christian	Waldkappel	37284	1746	BAR	Jägercompany	(C),11, 12, Rapahannoc	08.01.1779
1680	Merckel	Heinrich	Leitfeld		1752	BAR	Jägercompany	**16, Canada**	25.06.1783
1681	Merckel	Johann	Heidelberg	69115	1759	4.Rec		**16, Canada**	25.07.1783
1682	Mertens	Jacob	Winzenburg	31088	1755	DRA	Obristlt. Baum	**16, Canada**	17.07.1783
1683	Mertens	Christian	**Glentorf**	38154	1754	GRE	Obristlt. v. Mengen	07, Montreal	17.10.1776
1684	Mertens	Christian	**Deensen**	37627	1736	vRH	Capt. Alers	(C), 11, 12, Worcester	13.11.1778
1685	Mertens	Georg	**Calvörde**	39359	1738	SPE	Capt. v. Lützow	34	

Index, The Brunswick Troops in North - America 1776 - 1783

#	Surname	Given name	Place	ID	Year	Unit	Company/Officer	Location	Date
1686	Messing	Christoph	Elbingen		1757	2.Rec		16, Canada	30.06.1783
1687	Metsch	Johann	Schindeben		1760	BAR	Leibcompany	12, Canada	26.05.1783
1688	Mette	Christian	Braunschweig		1761	DRA		06, Bennington	16.08.1777
1689	Metzdorf	Gottlieb	Berlin	38100	1765	1.Rec	Generalmaj.v.Riedesel	12, Canada	00.07.1781
1690	Metze	Friedrich	Groß Sommern	10178	1755	2.Rec		07, Canada	00.07.1782
1691	Metze	Johann Conrad	Gr.Sommern, Erfurt		1756	3.Rec		07, Sorel, Canada	12.08.1782
1692	Metzger	Leonhard	Freyburg		1755	BAR	Jägercompany	07, Yamasca, Canada	31.12.1776
1693	Metzger	Lorenz	Ober Eschbach	61350	1758	BAR	Capt. Thomae	16, Canada	24.06.1783
1694	**Meyer**	Johann Georg	**Braunschweig**	38100	1749	BAR	Capt. Dommes	16, Canada	01.08.1783
1695	Meyer	Heinrich Wilhelm	**Wolfenbüttel**	38304	1747	BAR	Capt. Thomae	12, Canada	30.07.1783
1696	**Meyer (KA)**	Heinrich	**Kissenbrück**	38324	1757	DRA	Obristlt. Baum	06, Bennington	16.08.1777
1697	**Meyer (KA)**	Gottfried	**Braunlage**	38700	1741	BAR	Jägercompany	11, 33	
1698	**Meyer (TB)**	Christian	Böttcherode		1765	DRA	Major v. Meibom	11, 12a	00.10.1778
1699	**Meyer (TB)**	Johann	Eschenau		1763	2.Rec		16, Canada	25.06.1783
1700	Meyer	David	**Schöningen**	38364	1732	DRA	Leibcompany	(C), 11, 07, Cambridge	07.09.1778
1701	Meyer	Julius	**Wolfenbüttel**	38304	1758	DRA	Leibcompany	11, 33	
1702	Meyer	Conrad	**Osterlinde**	38226	1759	DRA	Leibcompany	07, Trois Riviere	14.10.1776
1703	Meyer	Franz	Welle		1752	GRE	Capt. v. Schieck	34	
1704	Meyer	Christoph	Dielmissen	37633	1750	PFR	Obristlt. Praetorius	07, St.Jean, Canada	11.10.1777
1705	Meyer	Johann	Regenstauf	93128	1761	1.Rec		07, Berthier, Canada	02.12.1777
1706	Meyer	Christoph	Hannover	30159	1721	PFR	Capt. Diedrichs	27	25.04.1783
1707	Meyer	David	Wallstorf		1758	PFR	Capt. v. Thunderfeld	12, St.Charles	17.11.1777
1708	Meyer	Franz	**Groß Denkte**	38321	1743	vRH	Obristlt. v. Ehrenkrook	34	
1709	Meyer	Johann	**Wickensen**	37632	1752	vRH	Obristlt. v. Ehrenkrook	11, 33	
1710	Meyer	Heinrich	**Wickensen**	37632	1751	vRH	Obristlt. v. Ehrenkrook	34	
1711	Meyer	Heinrich	**Braunschweig**	38100	1754	vRH	Obristlt. v. Ehrenkrook	11, 33	
1712	Meyer	David	Brachhausen		1744	vRH	Major v. Lucke	12, Freeman's Farm	29.09.1777
1713	Meyer	Conrad	Salzgitter	38226	1745	vRH	Major v. Lucke	(C), 11, 07, Virginia	18.06.1779
1714	Meyer	Heinrich	Echarshausen		1743	vRH	Capt. v. Schlagenteufel	(C), 11, 07, Virginia	06.12.1779
1715	Meyer	August	**Braunschweig**	38100	1759	vRH	Capt. Alers	07, Montreal	07.11.1776
1716	Meyer	Heinrich	**Deensen**	37627	1752	vRH	Capt. Alers	11, 12a	

#	Surname	Given name	Place	ID	Born	Unit	Company	Location	Date
1717	Meyer	Henning	Waddelnstadt		1733	RIE	Obrist v. Speth	07, Canada	16.06.1780
1718	Meyer	Christian	**Ahlshausen**	37547	1744	RIE	Obrist v. Speth	34	
1719	Meyer	Heinrich	**Hohlenberg**		1754	SPE	Leibcompany	(C), 11, 12, Virginia	28.02.1779
1720	Meyer	Johann	**Hedeper**	38322	1742	SPE	Major v. Ehrenkrook	(C), 11, 07, Cambridge	04.12.1777
1721	Meyer	Friedrich	**Bornumhausen**		1754	SPE	Major v. Ehrenkrok	**12, Canada**	05.07.1783
1722	Meyer	Georg	**Braunlage**	38700	1747	SPE	Capt. v. Plessen	(C), 11, 12, Virginia	31.10.1779
1723	Meyer.	Philipp	Löwenstedt	25864	1743	SPE	Capt. v. Lützow	34	
1724	Meyer	Johann	**Klein Veltheim**	38173	1744	BAR	Jägercompany	06, Bennington	16.08.1777
1725	Meyer	Adam	Mühe		1764	BAR	Jägercompany	(C),11, 12, Marlborough	05.11.1777
1726	Meyer	Christoph	Clausthal	38678	1752	BAR	Jägercompany	09, 06, Ticonderoga	08.11.1777
1727	Meyer	Christian	**Helmstedt**	38350	1746	BAR	Capt. Thomae	07, St.Therese	19.11.1776
1728	Meyer	Johann	Hochheim	99094	1756	BAR	Capt. v. Geusau	06, Bennington	16.08.1777
1729	Meyer	Andreas	**Klein Rhüden**	38723	1761	BAR	Capt. v. Geusau	07, Canada	01.05.1779
1730	Meyer	Johann	*Mainzischen*		1750	BAR	Capt. v. Geusau	**16, Canada**	26.06.1783
1731	Meyer	Johann August	Augsburg	86150	1756	2.Rec		07, 23	23.09.1778
1732	Meyer	Johann	Eschenau		1764	2.Rec		**12, Canada**	14.09.1782
1733	Meyer	Johann	Cölln	50667	1761	2.Rec		**16, Canada**	24.06.1783
1734	Meyer	Jacob	Wolkersdorf	91126	1757	3.Rec		**16, Canada**	22.06.1783
1735	Meyer	Wilhelm	Goslar	38640	1743	3.Rec		07, 23	03.09.1783
1736	Meyer	Wilhelm Nicolaus	Kassel	34117	1762	3.Rec		**12, Canada**	18.07.1783
1737	Meyer	Christian	**Braunschweig**	38100	1765	vRH	Capt. Alers	(C), 11, 07, Westfield	28.10.1777
1738	Meyer	Heinrich	**Lichtenberg**	38226	1755	SPE	Stab (Staff)	(C), 11, 12, Tannytown	28.12.1778
1739	Meyer	Johann	**Jerxheim**	38381	1757	BAR	Stab (Staff)	(C),11, 12, Marlborough	11.11.1778
1740	Meyer	Peter	Augsburg	86150	1758	2.Rec		07, 23	07.09.1778
1741	Meyerding	Georg	Breistedt		1738	BAR	Capt. Dommes	11, 33	
1742	**Meyern v. (LT)**	Friedrich Ludewig	Bayreuth	95444	1755	RIE	Obrist v. Speth	07, Unfall (accident)	20.09.1781
1743	Meylers	Anton Nicolaus	Amberg	92224	1740	SPE	Capt. v. Plessen	(C), 11, 12, Winter Hill	09.01.1778
1744	Meyne	Christian	**Ottenstein**	31868	1758	BAR	Leibcompany	**16, Canada**	25.06.1783
1745	Michael	Friedrich	Hannover	30159	1754	BAR	Leibcompany	**16, Canada**	02.08.1783
1746	Michaelis	Heinrich	Neu Haldensleben		1757	GRE	Capt. v. Löhneisen	06, Bennington	16.08.1777
1747	Minohr	Jacob	Koblenz	56068	1763	SPE	Major v. Ehrenkrook	07, Freeman's Farm	23.09.1777

1748	Mittendorf	Michael	Ohrum	38312	1757	DRA	Leibcompany	06, Bennington	16.08.1777
1749	Mitterbusch	Heinrich	Kirchbrak	37619	1759	DRA	Generalmaj.v. Riedesel	11, 33	
1750	Mitteweg	Heinrich	Goslar	38640	1745	BAR	Jägercompany	07, Yamasca	05.12.1776
1751	Moder	Gottfried	Pirsche		1743	5.Rec		07, New York	30.08.1781
1752	Mögel	Gottlieb	Grimme	39264	1762	5.Rec		**16, Canada**	30.06.1783
1753	Möhling	Ludewig	**Braunschweig**	38100	1764	vRH	Leibcompany	(C), 11, 12, Winter Hill	07.05.1778
1754	Möhlmann	Christoph	Negenborn	37643	1750	SPE	Leibcompany	(C), 11, 12, Winter Hill	03.06.1778
1755	Möhring (KA)	Heinrich	Mörum		1754	BAR	Capt. Dommes	(C), 11, 12, Potomac	31.12.1778
1756	Mönneckemeyer	Herbert	Reileifzen	37639	1745	GRE	Capt. v. Bärtling	06, Freeman's Farm	07.10.1777
1757	**Mönnecke (TB)**	Friedrich	**Liebenburg**	38704	1752	vRH	Capt. v. Schlagenteufel	**12, Canada**	27.05.1783
1758	Mönnecke	Daniel	Salzdahlum	38302	1747	RIE	Capt. v. Pöllnitz	(C), 11, 12, N.-Hanover	24.12.1778
1759	Mönnecke	Johann Christian	Thorndorf		1762	2.Rec		07a, Canada	05.05.1781
1760	Mönnecke	Christian	**Groß Rhüden**	38723	1758	GRE	Capt. v. Schieck	06, Freeman's Farm	07.19.1777
1761	Möver	Leonhard	Lauterbach	36341	1755	BAR	Jägercompany	06, Hubbardton	07.07.1777
1762	Mohr	Heinrich Simon	Ansbach	91522	1759	PFR	Capt. Diedrichs	(C), 11, 12, Winter Hill	05.12.1778
1763	Molle	Michael	Ohrenhorth		1763	3.Rec		**16, Canada**	23.07.1783
1764	Mordt	Heinrich August	Ebensdorf		1761	2.Rec		**16, Canada**	24.06.1783
1765	Morgenstern	Gottlieb	Clausthal	38678	1743	GRE	Capt. v. Löhneisen	06, Freeman's Farm	07.10.1777
1766	**Moritz (FS)**	Samuel	Rittkau		1761	BAR	Capt. Thomae	(C), 11, 12, Winter Hill	12.07.1778
1768	Moritz	Friedrich	Naumburg	06618	1735	BAR	Leibcompany	11, 33	
1769	Moro	August	Bayreuth	95444	1740	1.Rec		22.07.1783	
1770	Mortag	Andreas	Jena	.07745	1758	PFR	Leibcompany	11, 12	
1771	Moses	Johann August	Nordhausen	99734	1753	3.Rec		**16, Canada**	27.07.1783
1772	Moshuhn	Reinhard	Tangerode		1755	PFR	Obristlt. Praetorius	07, Riviere du Loop	08.03.1777
1773	Muess	Heinrich	Garstedt		1757	PFR	Capt. v. Thunderfeld	**16, Canada**	29.07.1783
1774	Muhss	August	Borntrick		1739	PFR	Leibcompany	07, 23	22.08.1776
1775	Müchel	Martin	Dahlmannsfeld		1761	BAR	Leibcompany	07, Montreal	26.11.1776
1776	Mückerling	Friedrich	**Bodenburg**	31162	1736	vRH	Leibcompany	(C), 11, 12, Yorck	23.12.1778
1777	Mügge	Hermann	**Braunschweig**	38100	1740	GRE	Capt. v. Löhneisen	07, Canada	16.11.1776
1778	Mühe	Conrad	**Lesse**	38226	1730	GRE	Capt. v. Bärtling	(C), 11, 07, New Yorck	08.03.1783
1779	Mühlenberg	Johann Jacob	Lattenstedt		1760	SPE	Capt. v. Lützow	07, Canada	25.03.1777

#	Surname	Firstname	Birthplace	ID	Year	Unit	Company	Location	Date
1780	**Mühlenfeld (LT)**	Andreas	**Wolfenbüttel**	38304	1750	BAR	Capt. Thomae	06, Bennington	16.08.1777
1781	Mühlhan	Andreas	**Allrode**		1728	SPE	Capt. v. Dahlstierna	07, Canada	28.03.1778
1782	Mühlhan	Christian	Clausthal	38678	1747	BAR	Jägercompany	07, St.Therese	02.11.1776
1783	Mühlhan	Johann	Clausthal	38678	1739	BAR	Jägercompany	(C), 11, 12, Worcester	12.11.1778
1784	**Müller (BM)**	Friedrich Jacob	Harzberg	32676	1744	G.S.	General Stab (Staff)	07, Sorel	12.03.1782
1785	**Müller (KA)**	Johann	**Salzdahlum**	38302	1751	BAR	Capt. Thomae	07, Trois Riviere	19.12.1776
1786	*Müller (TB)*	Johann	Comorra	H	1754	1.Rec		**16, Canada**	26.07.1783
1787	*Müller (TB)*	Daniel	**Goslar**	38640	1737	SPE	Leibcompany	(C), 11, 12a	
1788	**Müller (KA)**	Heinrich	**Hüttenrode**	38889	1741	PFR	Capt. v. Thunderfeld	07a, Chambly River	10.07.1780
1789	*Müller (TB)*	Jürgen	Breidenworbs		1760	SPE	Capt. v. Lützow	**16, Canada**	22.07.1783
1790	Müller	Georg	Angersbach	36367	1757	DRA	Generalmaj.v. Riedesel	11, 12	13.01.1779
1791	Müller	Heinrich	**Burgdorf**	38272	1755	DRA	Generalmaj.v. Riedesel	(C), 11, 12, Winter Hill	23.10.1777
1792	Müller	Friedrich Andreas	**Opperhausen**	37547	1735	GRE	Capt. v. Schieck	07, L'Asumption	13.01.1777
1793	Müller	Nicolaus	*Eichsfeld*		1750	1.Rec		**16, Canada**	29.07.1783
1794	Müller	Peter	**Esbeck**	38364	1739	vRH	Leibcompany	34	
1795	Müller	Friedrich	Illmershausen		1764	vRH	Capt. Alers	(C), 11, 12, Winter Hill	16.05.1778
1796	Müller	Friedrich			1758	vRH	Capt. Alers	34	
1797	Müller	Georg	**Hüttenrode**	38889	1752	RIE	Capt. v. Pöllnitz	(C), 11, 07, Cambridge	05.08.1778
1798	Müller	Heinrich	**Greene**	37547	1754	RIE	Capt. Morgenstern	34	
1799	Müller	Andreas	Eger		1759	RIE	Vacant company	**16, Canada**	01.07.1783
1800	Müller	Georg	Osterwieck	38835	1746	SPE	Leibcompany	31	20.07.1782
1801	Müller	Johann Christian	**Seesen**	38723	1750	SPE	Major v. Ehrenkrook	11, 33	
1802	Müller	Johann	**Calvörde**	39359	1750	SPE	Capt. v. Lützow	07, 23	15.09.1776
1803	Müller	Andreas	**Stadtoldendorf**	37627	1743	SPE	Capt. v. Lützow	11, 33	
1804	Müller	Johann	Riga		1756	1.Rec		31	17.07.1782
1805	Müller	Franz	Liebenburg	38704	1753	BAR	Jägercompany	**12, Canada**	17.07.1782
1806	Müller	Johann	Osterwieck	38835	1754	BAR	Leibcompany	11, 33	
1807	Müller	Andreas	**Neudorf**	37441	1749	BAR	Capt. v. Geusau	07, 23	31.08.1776
1808	Müller	Ernst	Einum	31135	1740	BAR	Capt. v. Geusau	11, 33	
1809	Müller	Johann Christian	**Breitenkamp**	37619	1746	BAR	Capt. Dommes	**16, Canada**	01.07.1783
1810	Müller	Christian	**Wolfenbüttel**	38304	1748	BAR	Capt. Dommes	11, 12a	

#	Surname	Given name	Birthplace	ID	Born	Unit	Company	Location	Date
1811	Müller	Johann Leonhard	Ober Naumbach		1749	2.Rec		07, 23	17.09.1778
1812	Müller	Christian	Leipzig	04109	1743	2.Rec		16, Canada	23.06.1783
1813	Müller	Friedrich	Brandenburg	14770	1752	3.Rec		12, Canada	13.07.1782
1814	Müller	Johann	Kummersdorf		1730	3.Rec		16, Canada	29.07.1783
1815	Müller	Samuel	Frankfurt	15230	1763	3.Rec		16, Canada	07.07.1783
1816	Müller	Ulrich	Jerxheim	38381	1761	4.Rec		12, Canada	02.08.1783
1817	Müller	Conrad	Oebisfelde	39646	1764	5.Rec		07, New York	15.01.1782
1818	Müller	Georg	Suhle		1757	5.Rec		07, New York	14.09.1781
1819	Müller	Heinrich	Westfelde	31079	1764	5.Rec		16, Canada	30.07.1783
1820	Müller	Heinrich	Bromberg		1758	6.Rec		12, Canada	10.10.1782
1821	Müller	Andreas	Parchim	19370	1763	6.Rec		12, Canada	10.10.1782
1822	Münte	Heinrich	Zellerfeld	38678	1745	GRE	Capt. v. Bärtling	11, 12, Frederick	16.12.1778
1823	Multhopp	Wilhelm	Bevern	37639	1740	vRH	Leibcompany	07, Ticonderoga	05.08.1777
1824	Mumendeich(TB)	David	Wernigerode	38855	1742	BAR	Capt. Thomae	11, 33	
1825	Mund	Carl	Braunschweig	38100	1739	vRH	Major v. Lucke	16, Canada	25.06.1783
1826	Munte	Jacob	Vorsfelde	38448	1747	SPE	Leibcompany	(C), 11, 12, Tawnytown	27.12.1778
1827	Mylius (KA)	Johann	Börnecke	38889	1751	PFR	Capt. Diedrichs	07, Canada	05.07.1776
1828	Mylius	Friedrich	Goslar	38642	1742	6.Rec		07, 23	24.09.1782
1829	Naacke	Gottfried	Thorn		1758	1.Rec		16, Canada	01.07.1783
1830	Nagel	Christoph	Zorge	37449	1755	PFR	Obristlt. Praetorius	11, 33	
1831	Naumann	Sigmund	Magdeburg	39104	1759	vRH	Leibcompany	(C), 11, 12, Winter Hill	07.10.1778
1832	Nebel	Johann	Tollmütz		1753	1.Rec		16, Canada	
1833	Neddermeyer	Heinrich	Schaune		1745	RIE	Vacant company	11, 07, Cambridge	08.08.1778
1834	Neddermeyer	Conrad	Steterlingenburg		1753	BAR	Leibcompany	11, 33	
1835	Nehrengardt	Joseph	Lothringen	F	1746	3.Rec		16, Canada	25.06.1783
1836	Neuhoff (KA)	Johann	Braunschweig	38100	1740	SPE	Capt. v. Lützow	11, 33	
1837	Neuhoff	Heinrich	Stette		1761	GRE	Capt. v. Löhneisen	12	28.10.1777
1838	Neumann	Carl	Peterslaw		1764	vRH	Major v. Lucke	07, Trois Riviere	16.07.1777
1839	Neumann	August Friedrich	Langensalza	99947	1743	3.Rec		31	18.06.1779
1840	Neuse	Jacob	Clausthal	38678	1763	BAR	Capt. Dommes	07, 23	17.09.1776
1841	Neuwirth	Christian	Timmenrode		1750	vRH	Capt. v. Schlagenteufel	07, Canada	20.11.1776

#	Surname	Given Name	Place	ID	Birth	Unit	Rank	Location	Date
1842	Nickel	Johann	Würzburg	97070	1761	2.Rec		16, Canada	29.07.1783
1843	Niemann	Ludewig	**Nordsteimke**	38446	1739	GRE	Capt. v. Löhneisen	34	
1844	Niemeyer	Gottlieb	Neustadt	31535	1753	PFR	Obristlt. v. Hille	07, Berthier	11.12.1777
1845	Niemeyer	Heinrich	**Astfeld**	38685	1759	RIE	Capt. v. Pöllnitz	(C), 11, 12, Springfield	31.10.1777
1846	Nienstedt	Conrad	Amsen		1759	DRA	Generalmaj.v. Riedesel	11, 12	13.12.1778
1847	Niepert	Heinrich	**Vorsfelde**	38448	1730	PFR	Obristlt. Praetorius	11, 12, Cambridge	09.08.1778
1848	Nieren	Daniel	**Calvörde**	39359	1731	PFR	Capt. Diedrichs	07, 23	15.08.1783
1849	Nies	Sigmund	**Reisslingen**	38446	1730	BAR	Capt. Dommes	07, Trois Riviere	15.05.1777
1850	Nietz	Johann	Hannover	30159	1750	RIE	Capt. Morgenstern	25.07.1783	
1851	Niewand	Heinrich	**Braunschweig**	38100	1759	RIE	Capt. v. Pöllnitz	(C), 11, 12, Springfield	31.10.1777
1852	Nitzky	Leopold	Gerau		1749	RIE	Capt. Morgenstern	07, 23	12.04.1776
1853	Nihsky	Anton	Neustadt	01844	1757	5.Rec		16, Canada	14.07.1783
1854	Noa	Conrad	**Holzminden**	37603	1753	vRH	Capt. v. Schlagentenfel	11, 12, Frederick	29.12.1778
1855	Noack	Erdmann	Berlin	10178	1755	BAR	Jägercompany	11, 33	
1856	Nolte	Johann	Westborn		1748	GRE	Capt. v. Schieck	(C), 11, 12, Sothfield	19.11.1778
1857	Nolte	Gabriel	Stade	21680	1748	RIE	Obrist von Speth	32, Pointe au Lac	22.10.1779
1858	Nolte	Ernst	Westerhof	37589	1747	SPE	Capt. v. Plessen	11, 33	
1859	Nolte	Heinrich	**Derenthal**		1753	SPE	Capt. v. Dahlstierna	07, 23	16.09.1776
1860	Nolte	Adolph	Lüneburg	21337	1756	BAR	Jägercompany	11, 33	
1861	Nordtmeyer	Heinrich	Freienhagen	34513	1739	DRA	Generalmaj.v. Riedesel	11, 12	27.06.1779
1862	Noth	Christoph	Krumrode		1756	2.Rec		16, Canada	01.08.1783
1863	Nothnagel	Friedrich	Hamburg	20095	1763	BAR	Jägercompany	32, by Indians.	00.00.1777
1864	Nothwehr	Georg	**Hessen**	38835	1760	vRH	Capt. Alers	12, Saratoga	16.10.1777
1865	Nünnemann	Friedrich	*Eichsfeld*		1745	SPE	Capt. v. Lützow	34	
1866	Oberbeck	Friedrich	**Klein Rhüden**	38723	1747	SPE	Major v. Ehrenkrook	07a, St.Lawrence River	21.05.1777
1867	Oberg	Matthias	*Hildesheimischen*		1732	SPE	Leibcompany	07, L'Achignan	20.10.1781
1868	Obermann	Julius	**Tanne**	38875	1742	GRE	Capt. v. Löhneisen	34	
1869	**Ochsenkopf (TB)**	Gottfried	Zellerfeld	38678	1749	PFR	Cvapt. v. Tunderfeld	07, St.Charles	22.08.1779
1870	Ochsenkopf	Andreas	Wülperode	38835	1762	SPE	Leibcompany	(C), 11, 12, Sothfield	20.11.1778
1871	Ockam	Heinrich	**Dettum**	38173	1741	BAR	Capt. Dommes	11, 33	
1872	Oelmann	Heinrich	**Klein Vahlberg**	38170	1751	vRH	Obristlt. v. Ehrenkrook	11, 33	

#	Surname	Given name	ID	Birthplace	Year	Unit	Rank/Company	Location	Date
1873	Oelmann	Julius	38855	Wernigerode	1737	RIE	Obrist von Speth	07, Canada	10.10.1777
1874	Oelmann	Friedrich	38229	**Gebhardtshagen**	1752	RIE	Capt Morgenstern	11, 33	
1875	Oelschläger	Johann		Burgsdahl	1749	2.Rec		**16, Canada**	24.07.1783
1876	Oelze	Johann	37581	**Gandersheim**	1748	SPE	Capt. v. Lützow	11, 33	
1877	Oeninger	Jacob	63450	Hanau	1732	3.Rec		07, Canada	02.06.1782
1878	Oertel	Christoph	06449	Aschersleben	1750	1.Rec		**16, Canada**	25.06.1783
1879	Ohck	Philipp	38376	**Süpplingenburg**	1728	RIE	Capt. v. Pöllnitz	07, Canada	27.12.1776
1880	Ohle	Gottfried	10178	Berlin	1759	BAR	Capt. v. Geusau	**16, Canada**	25.06.1783
1881	Ohme	Friedrich	38889	**Wienrode**	1756	DRA	Obristt. Baum	**16, Canada**	24.07.1783
1882	Ohms	Michael	38895	Langenstein	1745	GRE	Capt. v. Schieck	11, 33	
1883	Ohse	Johann	38464	**Pappenrode**	1745	SPE	Capt. v. Dahlstierna	11, 33	
1884	Olms	Rudolph	38304	**Wolfenbüttel**	1749	PFR	Obristt. v. Hille	07, Chaudiere, Can.	22.08.1781
1885	Opitz	Wilhelm	38642	Goslar	1747	GRE	Capt. v. Schieck	07, Canada	08.08.1777
1886	Opitz	Michael		Neustadt	1753	BAR	Jägercompany	**16, Canada**	23.07.1783
1887	Oppe	Johann	38368	**Grasleben**	1756	vRH	Leibcompany	07, Canada	17.10.1778
1888	Oppenhausen	Heinrich		Rischwigen?	1763	RIE	Vacant company	(C), 11, 12, Springfield	31.10.1777
1889	Oppermann	Franz	38100	**Braunschweig**	1757	DRA	Leibcompany	11, 33	
1890	Oppermann	Andreas	38104	Schapen	1759	1.Rec		**12, Canada**	23.07.1783
1891	Oppermann	Heinrich		Bodenhausen	1748	RIE	Capt. v. Pöllnitz	(C), 11, 12, N.-Hanover	24.12.1778
1892	Oppermann	Conrad	37619	**Heyen**	1732	PFR	Leibcompany	07, Canada	01.12.1781
1893	Orthner	Franz	A	Hopfgarten	1748	PFR	Obristt. v. Hille	**16, Canada**	30.05.1783
1894	Osten	Ernst	38100	**Braunschweig**	1756	SPE	Major v. Ehrenkrook	07, 23, Portsmoth, GB	23.06.1776
1895	Osten	Friedrich	18273	Güstrow	1740	3.Rec		07, Canada	27.08.1780
1896	**Ostermann (KA)**	Johann		Worbesen	1758	PFR	Capt. Diedrichs	07, 23, Lake Champlain	21.10.1777
1897	Osterodt	Heinrich	38835	**Hessen**	1743	PFR	Capt. Diedrichs	**16, Canada**	29.07.1783
1898	Osterwald	Caspar		Starkel	1764	5.Rec		**16, Canada**	24.06.1783
1899	Osterwald	Heinrich Conrad	38100	**Braunschweig**	1765	BAR	Leibcompany	(C), 11, 12, Virginia	06.01.1779
1900	Othmann	Johann		Elbingen	1760	PFR	Leibcompany	**12, Canada**	14.07.1783
1901	Othmer	Heinrich		**Borwecke**	1732	vRH	Major v. Lucke	(C), 11, 12, N.- Hanover	24.12.1778
1902	Othmer	Ernst	38350	**Emmenstedt**	1745	BAR	Jägercompany	11, 33	
1903	Otte	Johann		**Scheppenstedt**	1745	vRH	Obristt. v. Ehrenkrook	11, 33	

#	Surname	First name	Place	ID	Year	Unit	Company	Location	Date
1904	Otto	Christian	**Braunschweig**	38100	1752	GRE	Capt. v. Löhneisen	11, 12, Lancaster	21.12.1778
1905	Otto	Caspar	Neiße		1759	1.Rec		**16, Canada**	29.07.1783
1906	Otto	Carl	Hannover	30159	1752	RIE	Leibcompany	**16, Canada**	01.07.1783
1907	Otto	Ludewig	**Gebhardtshagen**	38229	1757	SPE	Capt. v. Plessen	07, Ticonderoga	03.08.1777
1908	Otto	Gottfried	**Braunschweig**	38100	1753	SPE	Capt. v. Dahlstierna	34	
1909	Otto	Tobias	Steterlingenburg		1756	BAR	Capt. Thomae	**16, Canada**	25.06.1783
1910	Otto	Valentin	Magdeburg	39104	1746	2.Rec		07, Canada	22.02.1779
1911	Ottobusch	Jacob	Weißmann		1753	5.Rec		**16, Canada**	30.07.1783
1912	Pätz	Andreas	**Neu Wallmoden**	38729	1760	RIE	Capt Morgenstern	(C), 11, 12, Tawnytown	27.12.1778
1913	Pätz	Conrad	**Walkenried**	37445	1734	SPE	Leibcompany	11, 33	
1914	Pätzel	Johann Christian	Schoneben		1754	2.Rec		**16, Canada**	26.06.1783
1915	Pätzholz	Georg	**Seesen**	38723	1759	RIE	Obrist von Speth	07, Canada	14.12.1778
1916	Pagel	Heinrich	Horsum		1761	DRA	Obristlt. Baum	06, Bennington	16.08.1777
1917	Pages	Andreas	**Mahlum**	31167	1764	GRE	Capt. v. Bärtling	06, Bennington	16.08.1777
1918	Pape	August	Goslar	38642	1746	DRA	Leibcompany	07, 23	17.04.1776
1919	Pape	Christian	**Lichtenberg**	38226	1747	GRE	Capt. v. Löhneisen	11, 12a	
1920	Pape	Andreas	**Lesse**	38226	1754	GRE	Capt. v. Löhneisen	11, 12a	
1921	Pape	Johann	**Lesse**	38226	1753	2.Rec		**16, Canada**	29.06.1783
1922	Papmeyer	Christoph	**Hessen**	38835	1732	vRH	Obristlt. v. Ehrenkrook	07, Canada	06.06.1781
1923	**Pasche (TB)**	Carl	Goslar	38642	1762	2.Rec		**16, Canada**	22.06.1783
1924	Pasche	Andreas	**Twülpstedt**	38464	1743	vRH	Capt. v. Schlagenteufel	07, Canada	14.10.1776
1925	Pasche	Heinrich	**Twülpstedt**	38464	1752	RIE	Vacant company	34	
1926	Pasemann	Heinrich	**Vorsfelde**	38448	1743	SPE	Capt. v. Plessen	(C), 11, 12, Tawneytown	28.12.1778
1927	Patzmann	Wilhelm	Bremen	28195	1745	BAR	Jägercompany	11, 33	
1928	**Paul (TB)**	Heinrich	**Braunschweig**	38100	1762	PFR	Leibcompany	07, Canada	11.11.1776
1929	Paul	Jacob	**Bahrdorf**	38459	1751	RIE	Obrist von Speth	**16, Canada**	26.06.1783
1930	Paul	Friedrich	Weimar	99423	1751	RIE	Capt. v. Pöllnitz	**16, Canada**	23.06.1783
1931	Paul	Johann Georg	Reval		1752	1.Rec		**16, Canada**	01.08.1783
1932	Paulsen	Christian	*Schlesien*		1741	GRE	Obristlt. v. Mengen	**16, Canada**	19.07.1783
1933	Pechau	Diedrich	**Grasleben**	38368	1736	PFR	Obrist von Speth	(C), 11, 07, Virginia	09.07.1779
1934	Pechow	Andreas	**Räpcke**	38375	1753	RIE	Vacant company	11, 33	

#	Surname	Given name	Birthplace	ZIP	Birth year	Unit	Rank/Company	Location	Date
1935	Pechow	Ludewig	Küblingen		1748	SPE	Major v. Ehrenkrook	09, 06, Freeman's Farm	15.10.1777
1936	Pecht	Johann	Laubach		1747	BAR	Leibcompany	(C), 11, 12, Winter Hill	04.12.1777
1937	Pechtler	Johann	Stuttgart	70173	1762	BAR	Capt. Thomae	(C), 11, 12, Cambridge	14.02.1778
1938	Peitsch	Heinrich	**Braunschweig**	38100	1756	PFR	Obristlt. Praetorius	**16, Canada**	29.07.1783
1939	Penckendorf	Heinrich	**Burgdorf**	38272	1740	GRE	Capt. v. Löhneisen	(C), 11, 07, New York	13.05.1783
1940	Penzer	Gottfried	**Fürstenberg**	37699	1758	RIE	Capt. v. Pöllnitz	11, 12, Frederick	29.12.1778
1941	Perlinger	Paul	Kostheim	55246	1720	3.Rec		**16, Canada**	23.07.1783
1942	Peters	Johann Adam	**Negenborn**	37643	1759	GRE	Obristlt. v. Mengen	06, Hubbardton	07.07.1777
1943	Peters	Friedrich	Münsterforth		1738	1.Rec		**16, Canada**	17.06.1783
1944	Peters	Johann	Rostock	18055	1764	GRE	Capt. v. Löhneisen	(C), 11, 12, Cambridge	28.11.1777
1945	Peters	Daniel	**Vorsfelde**	38448	1750	vRH	Obristlt. v. Ehrenkrook	**16, Canada**	25.06.1783
1946	Peters	Joachim	Gargel		1759	vRH	Capt. Alers	(C), 11, 12, Winter Hill	09.04.1778
1947	Peters	Friedrich	Hohendahlleben		1761	SPE	Capt. v. Plessen	07, Canada	29.10.1776
1948	Peters	Heinrich	Wedelnstedt		1745	SPE	Capt. v. Plessen	(C), 11, 12, Winter Hill	03.10.1778
1949	Peters	Heinrich	**Braunschweig**	38100	1737	BAR	Jägercompany	07, Fort Edward	05.08.1777
1950	Peters	Ludewig Rudolph	Boltzum	31319	1758	2.Rec		**16, Canada**	25.07.1783
1951	Petersdorf	Tobias	Rostock	18055	1752	3.Rec		**12, L'Asumption, Can.**	14.06.1781
1952	Peterson	Johann	Oslo	N	1735	3.Rec		**12, Canada**	10.05.1782
1953	Petri	Ludewig	**Seesen**	38723	1736	vRH	Capt. v. Schlagenteufel	34	
1954	Pfänder	Christoph	Schwabach	91126	1759	2.Rec		**16, Canada**	29.05.1783
1955	Pfannenschmidt	Georg	Grunde		1758	PFR	Capt. v. Tunderfeld	07, Canada	25.12.1782
1956	Pfanner	Peter	Würzburg	97070	1752	3.Rec		**16, Canada**	25.06.1783
1957	Pfannkuchen	Conrad	Kassel	34117	1757	BAR	Capt. Thomae	**16, Canada**	24.06.1783
1958	Pfaudt	Friedrich	Stockholm	S	1752	2.Rec		**16, Canada**	26.07.1783
1959	Pfeiffer	Ernst	Harzgerode	06493	1759	PFR	Capt. v. Tunderfeld	**16, Canada**	29.07.1783
1960	Pfeiffer	Christian	Altenburg		1754	3.Rec		**16, Canada**	24.06.1783
1961	Pfengel	Friedrich	(C)Kulmbach	95326	1751	BAR	Jägercompany	11, 33	
1962	**Pflüger (LT)**	Friedrich	*Schaumburgischen*		1731	BAR	Jägercompany	(C), 11, 07, Winter Hill	31.12.1777
1963	Pfuhl	Gottlieb	Kemberg	06901	1758	1.Rec		**16, Canada**	04.07.1783
1964	Philipps	Johann Heinrich	**Bodenburg**	31162	1764	3.Rec		**16, Canada**	04.07.1783
1965	Pipenbrink	Heinrich	**Braunschweig**	38100	1731	RIE	Capt. Morgenstern	07, Canada	27.10.1782

1966	**Pieper (KA)**	Johann	**Linden**	38300	1751	GRE	Capt. v. Schieck	**12, Montreal**	15.09.1781
1967	Pieper	Friedrich	**Linden**	38300	1746	GRE	Capt. v. Schieck	07, La Prairie, Can.	23.08.1776
1968	Pieper	Heinrich	Groß Buchholz	30655	1760	2.Rec		**12, Canada**	18.07.1783
1969	Pierre (St)	Jean Marie	St. Rocques	F	1760	5.Rec		**12, Canada**	30.07.1783
1970	Pilgert	Joachim	Schönhagen		1757	SPE	Capt. v. Dahlstierna	11, 12, Long Island	00.00.1780
1971	Pisand	Nicolaus	Indelheim		1764	4.Rec		**16, Canada**	01.07.1783
1972	Plätz	Christian	**Herrhausen**	38723	1752	RIE	Obrist von Speth	**16, Canada**	26.06.1783
1973	Plagge	Heinrich	**Sierße**	38159	1736	GRE	Capt. v. Bärtling	(C), 11, 07, Cambridge	13.07.1778
1974	Plagge	Johann	Hellersdorf	12627	1744	vRH	Leibcompany	11, 33	
1975	Plasch	Christian	**Braunschweig**	38100	1757	PFR	Obristlt. v. Hille	07a, Richelieu River	25.08.1778
1976	Plate	Bernhard	Ollenrode		1748	DRA	Leibcompany	**16, Canada**	17.07.1783
1977	Plettner	Heinrich	Appenrode	99768	1757	PFR	Capt. v. Tunderfeld	**16, Canada**	29.07.1783
1978	Plincke	Johann	Burgwedel	30938	1745	5.Rec		12, New York	22.06.1782
1979	**Plumborn**	Conrad	**Wolfenbüttel**	38304	1745	vRH	Major v. Lucke	34	
1980	Plumhoff	Heinrich	**Küblingen**		1741	RIE	Vacant company	11, 33	
1981	Pohl	Daniel	Narva		1749	5.Rec		12, New York	13.09.1781
1982	Pohle	Heinrich	Geisdorf		1751	GRE	Capt. v. Bärtling	(C), 11, 12, Winter Hill	19.05.1778
1983	Pomerenne	Julius	Woltwiesche	38268	1757	GRE	Capt. v. Schieck	(C), 11, 12, York	21.12.1778
1984	Pomerenne	Christian	Woltwiesche	38268	1748	vRH	Major v. Lucke	(C), 11, 07, Saratoga	26.10.1777
1985	Pongs	Johann	Isenburg	56271	1763	BAR	Leibcompany	11, 33	
1986	Poppe	Caspar	Landenhausen	36367	1748	DRA	Obristlt. Baum	(C), 11, Reading	
1987	Poppe	Julius	**Lutter a. B.**	38729	1746	GRE	Capt. v. Schieck	(C), 11, 12, York	21.12.1778
1988	Poppenberg	Carl			1753	RIE	Vacant company	(C), 11, 12, Hampton	12.11.1778
1989	Porlitz	Benjamin	Glogau		1743	2.Rec		07, Canada	20.06.1780
1990	Potthoff	Heinrich	**Holzminden**	37603	1757	vRH	Leibcompany	34	
1991	Prattenberger	Leopold			1754	2.Rec		07b, Lac St.Pierre	19.01.1779
1992	**Prein (KA)**	Georg	**Braunschweig**	38100	1745	SPE	Capt. v. Dahlstierna	34	
1993	Presson	Johann	Lyon	F	1757	2.Rec		**16, Canada**	29.07.1783
1994	Preuss	Heinrich	Bogau		1766	4.Rec		**12, Canada**	02.04.1781
1995	**Preusse (PR)**	Carl	**Braunschweig**	38100	1743	BAR	Stab, (Staff)	07, Fort Anne	03.08.1777
1996	Preusse	Friedrich	Wolfsburg	38440	1756	PFR	Obristlt. Praetorius	07, Canada	11.09.1776

#	Surname	Given name	Birthplace	ID	Year	Unit	Company/Rank	Location	Date
1997	Preusse	Gottlieb	Danzig		1755	5.Rec		07, Canada	25.02.1783
1998	Preussner	Friedrich	Berlin	10178	1762	GRE	Capt. v. Löhneisen	(C), 11, 12, Winter Hill	23.11.1777
1999	**Prill**	Peter	**Eitzum**	38170	1746	SPE	Capt. v. Tunderfeld	07, Ticonderoga	18.09.1777
2000	Proa	Friedrich	Worlitz		1758	GRE	Capt. v. Schieck	09, 06, Freeman's Farm	15.10.1777
2001	Probst	Andreas	Fritzhausen		1756	DRA	Leibcompany	07a, Richelieu River	23.12.1782
2002	Probst	Wilhelm	Sieboldshausen	37581	1732	GRE	Obristlt. v. Mengen	11, 07	09.03.1778
2003	**Probst**	Heinrich	**Gandersheim**		1732	SPE	Leibcompany	11, 12a	
2004	Probstmeyer	Carl	**Lesse**	38226	1752	PFR	Capt. v. Tunderfeld	07a, Fort Chambly, Can	14.11.1777
2005	Proche	Rudolph	Dangelsleben		1755	GRE	Obristlt. v. Mengen	(C), 11, 12, Winter Hill	01.04.1778
2006	Puckel	Johann	Rothenburg		1755	1.Rec		**12, Canada**	30.07.1783
2007	Pückel	Conrad	Altendorf	92540	1747	BAR	Jägercompany	06, Freeman's Farm	07.10.1777
2008	Pückel	Johann	Nürnberg	90459	1759	BAR	Capt. v. Geusau	**16, Canada**	25.06.1783
2009	Pückel	Georg	Wilmersdorf	16278	1760	2.Rec		**16, Canada**	25.06.1783
2010	Putsche	Daniel	Wurmstadt		1746	GRE	Capt. v. Löhneisen	(C), 11, 07, Cambridge	27.11.1778
2011	Querfurth	Heinrich	**Braunlage**	38700	1735	GRE	Capt. v. Löhneisen	(C), 11, 12, Tawnytown	25.12.1778
2012	Querl	Christian	Sangershausen	06526	1743	1.Rec		**16, Canada**	29.07.1783
2013	Raabe	Wilhelm	Rittmarshausen	37130	1747	BAR	Leibcompany	06, Bennington	16.08.1777
2014	Rabau	Conrad	Eggersdorf	CH	1765	SPE	Capt. v. Plessen	07, Champlain	13.11.1776
2015	**Radeloff (FS)**	Friedrich	Quedlinburg	06484	1755	DRA	Major v. Meibom	11, 12	10.07.1778
2016	**Rademacher(CA)**	Bernhard	**Braunschweig**	38100	1753	RIE	Obrist von Speth	06.06.1778	06.06.1778
2017	Rademacher	Conrad	Ingeleben	38385	1738	BAR	Capt. Thomae	11, 33	
2018	Räckau	Johann	**Lucklum**	38173	1736	GRE	Capt. v. Schieck	11, 12	19.11.1778
2019	Räcke	Daniel	**Schöningen**	38364	1756	RIE	Capt. Morgenstern	(C), 11, 07, Boston	28.11.1777
2020	Räcke	Nicolaus	Magdeburg	39104	1753	SPE	Leibcompany	11, 33	
2021	Räcke	Heinrich	**Bettmar**	38159	1761	BAR	Capt. Thomae	(C), 11, 12, Kinderhook	24.10.1777
2022	Rahmann	Hermann	Delmenhorst	27749	1750	GRE	Capt. v. Bärtling	**16, Canada**	17.07.1783
2023	**Ramcke (FS)**	Friedrich	Hamburg	20095	1758	RIE	Capt. Morgenstern	(C), 11, 12, Winter Hill	30.05.1778
2024	Ramler	Friedrich	Dresden	01067	1759	1.Rec		**16, Canada**	29.07.1783
2025	Ranefeld	Heinrich						07, 23	23.07.1777
2026	**Rannefeld (KA)**		Lüttich	B	1755	RIE	Vacant company	(C), 11, 12, Tawneytown	28.12.1778
2027	**Ranzau(FN) Graf**		**Blankenburg**	38889	1763	BAR	Capt. v. Geusau	07a, Shulkyll River	00.08.1780

Index, The Brunswick Troops in North - America 1776 - 1783

#	Surname	Given name	Origin	ID	Year	Unit	Rank	Location	Date
2028	Rasche	Christian	Beddingen	38239	1736	GRE	Capt. v. Löhneisen	(C), 11, 07, Virginia	16.10.1779
2029	Rasche	Conrad	Goslar	38642	1758	vRH	Leibcompany	(C), 11, 07, Cambridge	10.09.1778
2030	Rasche	Conrad	Goslar	38642	1758	RIE	Leibcompany	07, Canada	09.09.1777
3031	Rasche	Jacob	Hildesheim	31134	1757	RIE	Leibcompany	07, Canada	09.09.1777
2032	Rasehorn	Christian	Timmerode		1752	GRE	Capt. v. Bärtling	12, Canada	13.07.1783
2033	Rauch	Joseph	Insbruck	A	1738	1.Rec		16, Canada	24.06.1783
2034	Raul	Heinrich	Nette	31167	1756	PFR	Capt. Diedrichs	16, Canada	29.07.1783
2035	Rausch	Heinrich	Lobmachtersen	38259	1757	DRA	Major v. Mengen	11, 12, 12a	20.10.1781
2036	Rausch	Adam	Freiburg		1746	5.Rec		16, Canada	10.07.1783
2037	Rausche (KA)	Johann	Baden-Baden	76530	1749	BAR	Capt. Thomae	06, Freeman's Farm	07.10.1777
2038	Rausche	Heinrich	Kirchberg	34305	1746	SPE	Capt. v. Lützow	07, Freeman's Farm	06.10.1777
2039	Rauschenberg	Johann	Hohenhameln	31249	1760	2.Rec		12, Canada	08.07.1783
2040	Raute	Johann Heinrich	Borken	34582	1758	2.Rec		07, 23	27.08.1778
2041	Rauten	Johann	Hildesheimischen		1749	vRH	Leibcompany	07, Canada	29.10.1776
2042	Recker	Carl	Bevern	37639	1763	vRH	Major v. Lucke	07, Cap Sante, Can.	02.02.1777
2043	Redecken(v)(FN)		Wolfenbüttel	38304	1760	SPE	Capt. v. Lützow	23.11.1777
2044	Rehse	Christian	Gliedau		1749	GRE	Obristlt. v. Mengen	07, Montreal, Can.	04.09.1778
2045	Rehse	Hans Heinrich	Fränke		1759	1.Rec		07, Canada	19.05.1780
2046	Rehse	Andreas	Braunschweig	38100	1756	BAR	Capt. Dommes	16, Canada	23.07.1783
2047	Reichel	Daniel	Liebitz	18573	1736	RIE	Obrist von Speth	(C), 11, 07, Cambridge	07.09.1778
2048	Reichenberg	Heinrich	Wiesen		1739	1.Rec		16, Canada	26.06.1783
2049	Reichers	Nicolaus	Wickensen	37632	1746	vRH	Capt. v. Schlagenteufel	11, 12, Frederick	27.12.1778
2050	Reiffert	Heinrich	Netze		1753	GRE	Capt. v. Löhneisen	16, Canada	18.07.1783
2051	Reinboth	Joh. Christian	Kredig		1750	4.Rec		16, Canada	25.06.1783
2052	Reinecke	Conrad	Negenborn	37643	1723	GRE	Capt. v. Löhneisen	16, Canada	22.12.1779
2053	Reinecke	Johann	Bindheim		1752	PFR	Obristlt. Praetorius	07, Berthier, Can.	20.12.1777
2054	Reinecke	Heinrich	Nettlingen	31185	1746	PFR	Obristlt. Preatorius	07, Canada	03.06.1782
2055	Reinecke	Johann	Frohse		1756	PFR	Capt. Diedrichs	16, Canada	29.07.1783
2056	Reinecke	Heinrich	Westerode	38667	1749	vRH	Capt. Alers	(C), 11, 12, Virginia	15.06.1779
2057	Reinecke	Heinrich	Thune	38110	1747	SPE	Capt. v. Dahlstierna	11, 33	
2058	Reinecke	Johann	Holle	31188	1740	BAR	Capt. Thomae	07b, Nicolet River	03.12.1776

#	Surname	First name	Place	ID	Born	Unit	Rank/Company	Location	Date
2059	**Reinemund (W)**	Friedrich	Wesende		1738	DRA	Obristlt. Baum	07a, St. Lawrence River	18.01.1782
2060	Reiners	Heinrich	Nadungen		1736	SPE	Capt. v. Lützow	12, Saratoga	14.10.1777
2061	Reinhard	Heinrich	Olzhofen		1757	2.Rec		**16, Canada**	29.07.1783
2062	Reinhard	Jacob	**Gerenrode**	37339	1755	DRA	Leibcompany	**16, Canada**	27.05.1783
2063	Reinhard	Christian	Duderstadt	37115	1760	DRA	Leibcompany	(C), 11, 12, Winter Hill	12.04.1778
2064	Reinhold	Conrad August	Dassel	37586	1735	SPE	Capt. v. Lützow	07a, St. Lawrence River	02.08.1783
2065	Reinholz	Conrad	**Blankenburg**	38889	1756	SPE	Capt. v. Lützow	12, Saratoga	14.10.1777
2066	**Reinking (R)**	August	Celle	29221	1746	DRA	Obristlt. Baum	06, Bennington	16.08.1777
2067	Reinwald	Wilhelm	Frankfurt a. M.	60311	1764	vRH	Obristlt. v. Ehrenkrook	(C), 11, 12, Winter Hill	24.07.1778
2068	Reiss	Christoph	**Braak**	37627	1762	RIE	Capt. Morgenstern	(C), 11, 12, N.-Hanover	24.12.1778
2069	Reissig	Heinrich	Gadenstedt	31246	1750	2.Rec		**16, Canada**	24.07.1783
2070	**Reitemeyer (KA)**	Heinrich	**Holzminden**	37603	1748	BAR	Capt. v. Geusau	07, Canada	26.09.1776
2071	**Reitzenstein (LT)**	Gottlieb Christ. (v)	Conradsreith		1743	PFR	Capt. Diedrichs	**16, Canada**	31.07.1783
2072	*Remm (TB)*	Johann	Haholzen		1759	vRH	Major v. Lucke	11, 12, Frederick	27.12.1778
2073	Remmet	Franz	Neustadt, Schlesien		1744	2.Rec		**16, Canada**	23.07.1783
2074	Renneberg	Johann	Wendhausen	38165	1743	GRE	Capt. v. Schieck	(C), 11, 07, New York	05.05.1783
2075	Renschehausen	Christoph	**Stadtoldendorf**	37627	1744	SPE	Capt. v. Dahlstierna	07, Trois Riviere	14.10.1782
2076	Repcke	Heinrich	**Bahrum**	38226	1748	GRE	Capt. v. Bärtling	34	
2077	Ressing	Andreas	Hundrungen	39104	1745	RIE	Obrist von Speth	**16, Canada**	26.06.1783
2078	Restorf	Johann Daniel	Magdeburg		1751	2.Rec		07, 23	05.09.1778
2079	Rettlingshöfer	Martin	Deckendorf		1753	1.Rec		07, Canada	20.11.1781
2080	Reuer	Andreas	**Wetzleben**	38322	1739	GRE	Capt. v. Bärtling	11, 07, Rutland	27.04.1783
2081	Reumann	Friedrich	**Braunschweig**	38100	1730	GRE	Obristlt. v. Mengen	11, 12a	
2082	**Reupcke (KA)**	Christian	**Volkersheim**	63739	1753	BAR	Capt. v. Bärtling	11, Stoughton	
2083	Reussing	Georg	Aschaffenburg	87757	1758	PFR	Obristlt. Praetorius	**16, Canada**	24.06.1783
2084	Reussner	Carl	Kirchheim	38122	1743	BAR	Capt. Thomae	**16, Canada**	29.07.1783
2085	Reyer	Jacob	**Broitzen**		1764	BAR	Capt. Thomae	07, Nicolet	19.12.1776
2086	Reyn	Heinrich	Allendorf	38100	1742	vRH	Major v. Lucke	(C), 11, 12, N.-Hanover	24.12.1778
2087	Rhein	Friedrich	**Braunschweig**		1763	PFR	Capt. v. Tunderfeld	07, L'Ormiere	03.01.1777
2088	Rheinfelder	Johann	Bamberg	96047	1762	BAR	Leibcompany	(C), 11, 12, Winter Hill	05.11.1778
2089	Richelmann	Heinrich	**Thune**	38110	1753	SPE	Leibcompany	11, 12, New York	16.09.1782

2090	Richter	Christian	Leipzig	04109	1757	SPE	Major v. Ehrenkrook	**16, Canada**	24.07.1783
2091	Richter	Jacob	Leipzig	04109	1753	1.Rec		**16, Canada**	25.06.1783
2092	Richter	August	Torgau	04860	1757	2.Rec		**12, Canada**	26.07.1783
2093	Ricke	Heinrich	**Gandersheim**	37581	1747	vRH	Obristlt. v. Ehrenkrook	11, *12a*	
2094	Ridchefsky	Wilhelm	Goldapp		1761	6.Rec		**16, Canada**	14.07.1783
2095	Riecke	Heinrich	Langenholzhausen	58802	1758	4.Rec		07, Charlestown	27.01.1781
2096	Rieger	Georg	Uft		1754	BAR	Leibcompany	07, St.Francois	03.12.1776
2097	Riemenschneider	Heinrich	**Wenzen**	37574	1754	PFR	Obristlt. v. Hille	**12, Canada**	23.07.1783
2098	Rodewald	Johann	**Braunschweig**	38100	1758	BAR	Leibcompany	11, 33	
2099	Röbbel	Christian	Gremsen		1736	PFR	Obristlt. v. Hille	**12, Canada**	10.07.1783
2100	*Röder (TB)*	Albrecht	**Königslutter**	38154	1753	PFR	Leibcompany	07, Canada	24.07.1776
2101	Röder	Friedrich	Grund	37539	1740	GRE	Obristlt. v. Mengen	(C), 11, 07, Cambridge	21.09.1778
2102	Röder	Friedrich	Berlin	10178	1756	BAR	Leibcompany	07, Canada	06.11.1776
2103	Römermann	Johann	Badenhausen	37534	1739	GRE	Capt. v. Bärtling	07a, St.Lawrence River	22.05.1782
2104	Römermann	Heinrich	Badenhausen	37534	1757	SPE	Major v. Ehrenkrook	**12, Canada**	15.07.1783
2105	Röver	Heinrich	**Thiede**	38239	1746	GRE	Obristlt. v. Mengen	**16, Canada**	19.07.1783
2106	Rohbock	Johann	Sachsen		1764	BAR	Capt. v. Geusau	(C), 11, 12, Virginia	01.04.1780
2107	Rohbock	Christian	Freybösingen		1764	4.Rec		**12, Canada**	02.04.1781
2108	Rohde	Christoph	Lindau	39264	1747	GRE	Obristlt. v. Mengen	(C), 11, 07, Cambridge	04.09.1778
2109	Rohde	Friedrich	**Braunschweig**	38100	1756	BAR	Capt. Thomae	**16, Canada**	23.07.1783
2110	Rohmann	Adam	**Frellstedt**	38373	1759	3.Rec		**16, Canada**	26.06.1783
2111	Roloff	Arnd	**Watenstedt**	38226	1757	RIE	Capt. v. Pöllnitz	(C), 11, 12, Springfield	31.10.1777
2112	Roloff	Johann	Groß Freyen		1747	SPE	Capt. v. Plessen	(C), 11, 07, Cambridge	03.08.1778
2113	Rombrecht	Carl	Dresden	01067	1761	4.Rec		07, 23	
2114	Rose	Heinrich	**Groß Hehlen**	37619	1740	SPE	Capt. v. Lützow	34	24.04.1781
2115	Riesland	Engelhard	Harzburg	38667	1762	DRA	Generalmaj. v.Riedesel	(C), 11, 12, Winter Hill	23.12.1777
2116	Rietz	Christian	Gerau		1726	RIE	Capt. Morgenstern	11, *12a*	
2117	Ringe	Carl	Schaumburg	31737	1761	BAR	Jägercompany	**16, Canada**	23.07.1783
2118	Ringelcke	Christian	Magdeburg	39104	1760	vRH	Capt. v. Schlagenteufel	(C), 11, 12, Nobleton	25.10.1777
2119	Ringling	Carl	**Braunschweig**	38100	1758	vRH	Major v. Lucke	**16, Canada**	30.07.1783
2120	Rinier	Jacob		CH	1761	3.Rec		**16, Canada**	25.06.1783

#	Surname	Given name	Place	ID	Year	Unit	Company	Location	Date
2121	Rinnet	Christoph	Knesebeck	29379	1753	BAR	Jägercompany	11, 33	
2122	Rintelmann	Heinrich	**Wolfenbüttel**	38304	1762	BAR	Capt. Dommes	12, Freeman's Farm	29.09.1777
2123	Risch	Franz	**Hüttenrode**	38889	1728	GRE	Capt. v. Bärtling	11, 12a	18.09.1776
2124	Ritscher	Johann	Derwitz	14550	1745	PFR	Capt. Diedrichs	07, St.Joseph, Can.	18.09.1776
2125	**Rittberg (PR)**	Wilhelm	Königsberg	35444	1752	1.Rec		**12, Canada**	02.08.1783
2126	Ritter	Friedrich	Buttelstedt	99439	1754	PFR	Capt. Diedrichs	**16, Canada**	29.07.1783
2127	Ritter	Hieronymus	Erfurt	99089	1741	6.Rec		**16, Canada**	14.07.1783
2128	Rochstedt	Heinrich	Schauen	38835	1762	1.Rec		07, 23	16.07.1777
2129	Rocktreschler	Caspar	Krätz		1752	GRE	Capt. v. Löhneisen	**16, Canada**	17.07.1783
2130	**Rockwell (TB)**	Johann	Goslar	38642	1758	GRE	Capt. v. Schieck	09, 06, Albany	15.12.1777
2131	Roderfeld	Conrad	**Braunschweig**	38100	1755	SPE	Major v. Ehrenkrook	**12, Canada**	09.07.1783
2132	Rosenberg (v)	Johann	Sundern		1764	4.Rec		10, Cork	01.08.1780
2133	Rosenkranz	Heinr. Christian	Zellerfeld	38678	1743	RIE	Capt. Morgenstern	(C), 11, 07, Cambridge	07.09.1778
2134	Rosenthal	Christian	**Hornburg**	38315	1753	GRE	Obristlt. v. Mengen	**16, Canada**	16.07.1783
2135	Roth	Georg	Stuttgart	70182	1755	1.Rec		**16, Canada**	29.07.1783
2136	Roth	Conrad	**Scheppenstedt**		1757	RIE	Obrist von Speth	07, Canada	14.12.1778
2137	Roth	Carl	**Kaierde**	31073	1758	RIE	Capt. Morgenstern	12	09.11.1777
2138	Roth	Edmund	Steinbach		1759	BAR	Capt. Dommes	**16, Canada**	23.07.1783
2139	**Rothenurg (HB)**	Christian	**Wolfenbüttel**	38304	1727	SPE	Stab, (Staff)	(C), 11, 07, Albany	06.12.1777
2140	Roussell v. d.	Heinrich	Mervellt	B	1761	3.Rec		**16, Canada**	29.07.1783
2141	Rowold	Georg	Macherode		1747	RIE	Vacant company	(C), 11, 07, Virginia	11.12.1779
2142	Rudolph	Andreas	**Harzburg**	38667	1764	DRA	Major v. Meibom	07, Canada	20.07.1776
2143	Rudolph	Johann	**Braunschweig**	38100	1756	3.Rec		07, Canada	09.11.1781
2144	Rühmann	Christian	**Erkerode**	38173	1759	DRA	Leibcompany	07, Castleton	25.06.1777
2145	Rühr	Johann	**Lutter a. B.**	38729	1760	BAR	Leibcompany	11, 33	
2146	Rulle	Daniel	**Salder**	38226	1739	GRE	Obristlt. v. Mengen	07, Montreal	08.10.1776
2147	Runne	Heinrich	**Grave**	37647	1742	RIE	Leibcompany	34	
2148	Rupp	Johann	Rothenburg	91541	1757	vRH	Capt. v. Schlagenteufel	(C), 11, 12, Kinderhook	22.10.1777
2149	Rupp	Jacob	Bingelfels		1749	BAR	Capt. Dommes	07, Montreal	02.11.1776
2150	Rusach	Andreas	**Stiege**	38899	1743	vRH	Leibcompany	11, 33	
2151	**Rust (KA)**	Georg	Goslar	38642	1744	PFR	Leibcompany	**16, Canada**	29.07.1783

Index, The Brunswick Troops in North - America 1776 - 1783

#	Surname	First name	Place	ID	Year	Unit	Company	Location	Date
2152	Ruthe	David	Ströpecke?		1747	GRE	Capt. v. Löhneisen	11, 12a	
2153	Sabora	Joseph	Turnau	HU	1742	3.Rec		16, Canada	25.06.1783
2154	Sachse	Andreas	Wasungen	98634	1766	PFR	Capt. Diedrichs	07, Canada	18.08.1776
2155	Sackmann	Friedrich	Breustedt		1756	vRH	Major v. Lucke	(C), 11, 12, Winter Hill	14.05.1778
2156	Sackmann	Christoph	**Münchehof**	38723	1759	RIE	Obrist von Speth	(C), 11, 12, Winter Hill	09.04.1778
2157	Sackmann	Heinrich	**Oster Linde**	38226	1758	BAR	Capt. v. Geusau	(C), 11, 12, Cambridge	12.11.1778
2158	Salje	Jacob	Gerendorf		1755	RIE	Leibcompany	(C), 11, 12, Cambridge	09.11.1778
2159	Salje	Tobias	**Gebhardtshagen**	38229	1764	DRA	Major v. Meibom	07, Canada	20.07.1776
2160	Salle	Friedrich	**Twieflingen**	38388	1746	PFR	Capt. v. Tunderfeld	07, 23	30.04.1776
2161	Sallucci	Leonhard	Mailand (Milan)	—	1764	4.Rec		07, 23	00.08.1781
2162	Salzmann	Johann	Wetzlar	35585	1758	BAR	Leibcompany	11, 33	
2163	Sander	Heinrich	**Thiede**	38239	1757	DRA	Obristlt. Baum	**16, Canada**	24.07.1783
2164	Sander	Friedrich	Gronau	31028	1746	GRE	Capt. v. Schieck	(C), 11, 12, Winter Hill	07.04.1778
2165	Sander	Jürgen	**Süpplingen**	38373	1734	PFR	Obristlt. Praetorius	07, St.Antoine, Can.	27.04.1778
2166	Sander	Johann	**Braunschweig**	38100	1761	SPE	Capt. v. Dahlstierna	(C), 11, 12, Virginia	14.11.1779
2167	Sander	Conrad	**Hohlenberg**		1748	SPE	Capt. v. Dahlstierna	34	
2168	Sander	Carl	Dusted	06502	1759	BAR	Jägercompany	09, 06	22.07.1777
2169	Sander	Anton	Weddersleben		1746	2.Rec		07, 23	
2170	Sander	Christoph	Ottensleben		1758	3.Rec		25.07.1783	
2171	**Sandhagen (FS)**		**Wolfenbüttel**	38304	1736	DRA	Obristlt. Baum	**16, Canada**	01.08.1783
2172	Sandvoss	Christoph	**Bahrum**	38226	1740	GRE	Capt. v. Schieck	09, 06, Albany	15.12.1777
2173	Sandvoss	Heinrich	**Langelsheim**	38685	1755	SPE	Leibcompany	(C), 11, 07, Winter Hill	21.12.1777
2174	Sangerhasen	August	Kammerforst	99986	1755	4.Rec		**16, Canada**	23.06.1783
2175	*Sante (RT)*	Friedrich	Halberstadt	38820	1733	DRA	Stab, (Staff)	06, Bennington	16.08.1777
2176	Santy	Michael	Marticat	HU	1739	GRE	Capt. v. Schieck	11, 12, N.-Providence	15.12.1778
2177	Sappel	Andreas	Wengeln		1753	BAR	Jägercompany	06, Bennington	16.08.1777
2178	Sarges	Heinrich	Oeste	06347	1753	BAR	Jägercompany	**12, Canada**	17.07.1782
2179	Sasse	Heinrich	Stade	21680	1736	SPE	Leibcompany	**16, Canada**	22.07.1783
2180	Sasse	Erdmann	Gr. Schönbergen		1751	2.Rec		**16, Canada**	10.07.1783
2181	Sattler	Christoph	**Blankenburg**	38889	1751	BAR	Capt. Dommes	11, 33	
2182	**Sauer (FS)**	Heinrich	**Braunschweig**	38100	1751	SPE	Leibcompany	11, 12a	

#	Surname	Given name	Birthplace	ID	Born	Unit	Company	Regt/Battle	Date
2183	Sauer	Johann	Frellsdorf		1759	1.Rec		16, Canada	29.06.1783
2184	Sauer	Johann Gottlieb	Chemnitz	09111	1756	2.Rec		16, Canada	26.06.1783
2185	Saupe	Gottlieb	Jena	07743	1751	2.Rec		16, Canada	02.08.1783
2186	Saust	Christian	Wansleben	06318	1746	RIE	Leibcompany	16, Canada	01.07.1783
2187	Schaarschmidt	Johann	**Braunschweig**	38100	1742	PFR	Capt. v. Tunderfeld	07, Trois Riviere	06.07.1777
2188	**Schacht (TB)**	Johann	**Braunschweig**	38100	1759	SPE	Capt. v. Lützow	12, Canada	11.07.1783
2189	Schade	Christian	Halberstadt	38820	1730	GRE	Capt. v. Schieck	34	
2190	Schade	Friedrich	Hessen - Homburg		1764	4.Rec		13, Regt. Losberg	21.06.1782
2191	Schadt	Julius	Erlingbach		1744	SPE	Capt. v. Plessen	11, 33	
2192	Schäffer	Christoph	**Herrhausen**	38726	1745	GRE	Capt. v. Schieck	(C), 11, 12, Winter Hill	27.04.1778
2193	Schäffer	Zacharias	Quedlinburg	06484	1733	RIE	Capt. Morgenstern	(C), 11, 07, Reading	15.11.1781
2194	Schäffer	Heinrich	**Derenthal**		1751	SPE	Major v. Ehrenkrook	34	
2195	Schäffer	Johann	Witzenhausen	37217	1748	BAR	Capt. v. Geusau	06, Freeman's Farm	07.10.1777
2196	Schäffer	Christian	Langenstedt		1754	2.Rec		16, Canada	24.07.1783
2197	Schäffer	Andreas	Kies		1754	GRE		16, Canada	23.07.1783
2298	Schäffer	Christoph	Neustadt (Mähren)		1750	2.Rec		16, Canada	01.08.1783
2299	Schäffer	Johann Franz	Weilstadt		1759	4.Rec		16, Canada	30.06.1783
2200	Schäffer	Christoph	Eger		1741	6.Rec		07, 23	30.08.1782
2201	Schannel	Carl	Gummern		1755	DRA	Stab, (Staff)	16, Canada	27.06.1783
2202	**Schaper (TB)**	Heinrich	**Braunschweig**	38100	1752	GRE	Obristlt. v. Mengen	12, Canada	02.07.1783
2203	Schaper	Christian	**Kirchbrak**	37619	1741	PFR	Obristlt. Praetorius	07, 23	12.06.1776
2204	Schaper	Jürgen	Hameln	31785	1757	PFR	Capt. v. Tunderfeld	16, Canada	29.07.1783
2205	Schaper	Heinrich	Alefeld		1749	RIE	Leibcompany	(C), 11, 12	19.11.1778
2206	Schaper	Christoph	**Kirchbrak**	37619	1725	RIE	Vacant company	07a, Canada	03.04.1783
2207	Schaphardt	Heinrich	Sohlen	39171	1761	3.Rec		12, Canada	11.07.1783
2208	Schaudt	Heinrich	Muttersbach		1753	2.Rec		16, Canada	26.07.1783
2209	Schatz	Heinrich	Einbeck	37574	1763	BAR	Jägercompany	09, 06, Hubbardton	28.07.1777
2210	Scheel	Friedrich	Neuruppin	16816	1755	6.Rec		12, Canada	14.07.1783
2211	Scheide	Christian	Forste		1743	4.Rec		07, Canada	06.03.1781
2212	Scheittner	Valentin Henrich	Karlsburg	17335	1765	GRE	Capt. v. Schieck	(C), 11, 07, Cambridge	30.07.1778
2213	Schele	Ernst	Zelle		1757	BAR	Jägercompany	07, Canada	04.11.1776

Index, The Brunswick Troops in North - America 1776 - 1783

#	Surname	Forename	Place	ID	Year	Unit	Company	Location	Date
2214	Schellberger	Jacob	Sindelfingen	71067	1762	2.Rec	Leibcompany	07, Canada	06.04.1779
2215	Schelle	Ludewig	**Allersheim**		1764	vRH	Leibcompany	(C), 11, 12, Winter Hill	17.05.1778
2216	Schelle	Andreas	**Neuhaus**	37603	1751	vRH		11, 33	
2217	Schellhammer	Conrad	Tilsit		1752	1.Rec		**16, Canada**	22.06.1783
2218	**Schemers (KA)**	Georg	Amsterdam	NL	1741	BAR	Capt. v. Geusau	(C), 11, 12, Winter Hill	13.05.1778
2219	Schenck	Christoph	Zellerfeld	38678	1755	PFR	Capt. v. Tunderfeld	07, Canada	15.02.1782
2220	Scheppe	Heinrich	**Kattenstedt**		1744	vRH	Leibcompany	07, Canada	20.11.1777
2221	Scheppelmann	Christian	**Timmerlah**	38123	1752	SPE	Capt. v. Dahlstierna	11, 33	
2222	Scherbusch	Friedrich	Peine	31224	1762	BAR	Leibcompany	07, Montreal	09.11.1776
2223	Scheffe	Johann	**Hohengeiß**	38700	1744	RIE	Leibcompany	07, Trois Riviere	14.11.1776
2224	Scherkoffsky	Adam	Warschau	PL	1735	1.Rec		**16, Canada**	29.07.1783
2225	Scherneck	Heinrich	Filbel		1750	1.Rec		**16, Canada**	30.07.1783
2226	Scherrer	Joseph	Reiche		1750	BAR	Capt. Dommes	**16, Canada**	31.07.1783
2227	Scherzeberg	Christian	**Hohlenberg**		1753	SPE	Capt. v. Dahlstierna	34	
2228	Scherzer	Albrecht	Nürnberg	90402	1750	BAR	Jägercompany	07, Canada	21.02.1778
2229	Schett	Johann	Rinteln	31737	1739	PFR	Capt. v. Tunderfeld	07, Fort Jean, Can.	17.03.1780
2230	**Schieck v. (C)**		Merseburg	06217	1746	GRE		06, Bennington	16.08.1777
2231	Schierding	Christian	**Kaierde**	31073	1762	GRE	Capt. v. Löhneisen	(C), 11, 12, Winter Hill	23.07.1778
2232	**Schiller (FS)**	August Benjamin	Königsberg		1758	4.Rec		**16, Canada**	22.07.1783
2233	Schilling	Heinrich	**Harlingerode**	38667	1760	DRA	Generalmaj. v. Riedesel	11, 07, Portsmouth	09.04.1780
2234	Schilling	Arend	**Seesen**	38312	1739	RIE	Vacant company	(C), 11, 07, Virginia	10.02.1780
2235	Schilling	Carl Christian	Berlin	11178	1760	6.Rec		**12, Canada**	26.10.1782
2236	Schinckel	Christian	**Wickensen**	37632	1748	SPE	Leibcompany	11, 07, Lancaster	23.07.1781
2237	Schirmer	Ernst	**Helmstedt**	38350	1758	RIE	Capt. v. Pöllnitz	(C), 11, 12, Winter Hill	30.07.1778
2238	Schlattmann	Johann	Güstrow	18273	1745	BAR	Leibcompany	11, 33	
2239	Schlamilch	Heinrich	Clausthal	38678	1750	2.Rec		**12, Canada**	05.06.1782
2240	Schlechte	Friedrich	**Riddagshausen**	38108	1760	vRH	Obristlt. v. Ehrenkrook	12, Oswego	27.11.1778
2241	Schlechte	Friedrich	**Wolfenbüttel**	38304	1754	RIE	Leibcompany	11, 12a	
2242	Schlechtleitner	Johann	Tirol		1746	1.Rec		**16, Canada**	25.06.1783
2243	Schleitter	Sebastian	Kochum	04808	1729	BAR	Jägercompany	**16, Canada**	02.07.1783
2244	Schleuder	Johann	Wurzen		1755	BAR	Capt. Thomae	07, Canada	14.10.1776

No.	Surname	Given name	Place	ID	Year	Unit	Company/Officer	Location	Date
2245	Schliecker	Andreas	**Braunschweig**	38100	1759	1.Rec		**16, Canada**	23.07.1783
2246	Schliephacke	Heinrich	**Wolfenbüttel**	30304	1736	2.Rec		**16, Canada**	25.06.1783
2247	Schliertt	Michael	Blankenmühl		1761	3.Rec		**16, Canada**	29.07.1783
2248	Schlossmacher	Michael	Ludwigsburg		1756	BAR	Capt. v. Geusau	**16, Canada**	23.09.1783
2249	Schlott	Conrad	Sohlen	39171	1738	vRH	Capt. v. Schlagenteufel	(C), 11, 07, Albany	21.11.1777
2250	Schlue	Philipp	**Wolfenbüttel**	38304	1735	vRH	Major v. Lucke	(C), 11, 12, Winter Hill	26.09.1778
2251	Schliecker	Georg	**Braunschweig**	38100	1752	RIE	Capt. Morgenstern	(C), 11, 12, N-Hanover	24.12.1778
2252	Schlüter	Carsten	Halberstadt	38820	1752	1.Rec		07, Canada	28.03.1782
2253	Schlüter	Christian	Bockeln		1753	1.Rec		07, Montreal	29.08.1781
2254	Schlüter	Christoph	Eldagsen	31832	1766	BAR	Capt. v. Geusau	07, Trois Riviere	17.01.1777
2255	Schlüter	Andreas	Schwarzfeld	39104	1763	4.Rec		**16, Canada**	01.08.1783
2256	Schmaltz	Andreas	**Wieda**	37447	1752	SPE	Capt. v. Plessen	(C), 11, 12	19.10.1777
2257	**Schmidt (TB)**	Diedrich	Hirschbrock		1765	vRH	Obristlt. v. Ehrenkrook	(C), 11, 12, Winter Hill	12.04.1778
2258	**Schmidt (TB)**	Andreas	**Braunschweig**	38100	1735	RIE	Capt. Morgenstern	11, 12a	
2259	Schmidt	Johann Jacob	Denstorf	38116	1758	DRA	Leibcompany	07a, Canada	23.12.1782
2260	Schmidt	Andreas	Angersbach	36367	1764	DRA	Generalmaj. v.Riedesel	07, Canada	04.06.1776
2261	Schmidt	Heinrich	**Bleckenstedt**	38226	1740	GRE	Obristlt. v. Mengen	06, Freeman's Farm	19.09.1777
2262	Schmidt	Johann	**Neuhaus**	37603	1755	vRH	Leibcompany	11, 33	
2264	Schmidt	Johann Heinrich	**Gandersheim**	37581	1759	1.Rec		07a, Berthier	17.05.1780
2265	Schmidt	Christian	**Broistedt**	38268	1760	vRH	Major v. Lucke	07, Canada	25.09.1776
2266	Schmidt	Christoph	Sommerswalde	16727	1747	vRH	Major v. Lucke	11, 33	
2267	Schmidt	Ludewig	**Holzminden**	37603	1758	vRH	Capt. v. Schlagenteufel	11, 33	
2268	Schmidt	Anton	**Braunschweig**	38100	1758	vRH	Capt. Alers	06, Freeman's Farm	07.10.1777
2269	Schmidt	Heinrich	**Wolfenbüttel**	38304	1759	RIE	Leibcompany	(C), 11, 12, Winchester	10.04.1781
2270	Schmidt	Christian	Orbisfelde		1758	RIE	Capt. v. Pöllnitz	(C), 11, 12, Virginia	00.01.1779
2271	Schmidt	Heinrich	**Braunschweig**	38100	1737	RIE	Capt. Morgenstern	11, 12a	
2272	Schmidt	Christian	**Calvörde**	39359	1753	RIE	Vacant company	11, 12a	
2273	Schmidt	Andreas	Hanau	63450	1728	SPE	Major v. Ehrenkrook	11, 12a	
2274	Schmidt	Heinrich	**Opperhausen**	37547	1765	SPE	Capt. v. Plessen	(C), 11, 12, Winter Hill	16.04.1778
2275	Schmidt	Christian	Böttgerode		1742	SPE	Capt. v. Plessen	34	
2276	Schmidt	Wilhelm	**Negenborn**	37643	1751	SPE	Capt. v. Plessen	34	

No.	Surname	Given name	Place	ID	Year	Unit	Officer/Company	Location	Date
2277	Schmidt	Johann	**Negenborn**	37643	1750	SPE	Capt. v. Dahlstierna	(C), 11, 07, Cambridge	15.02.1778
2278	Schmidt	Friedrich	**Braunschweig**	38100	1763	SPE	Capt. v. Dahlstierna	(C), 11, 12, Winter Hill	08.12.1777
2279	Schmidt	Gottfried	**Riddagshausen**	38108	1751	SPE	Capt. v. Dahlstierna	07, Carillon	26.07.1777
2280	Schmidt	Michael	Berga		1755	4.Rec		**16, Canada**	27.07.1783
2281	Schmidt	Thomas	Hof	95030	1762	BAR	Jägercompany	07a, Yamasca	29.04.1777
2282	Schmidt	Joseph	Leutmaritz		1747	BAR	Jägercompany	07,	02.10.1782
2283	Schmidt	Johann	Langbriesel		1754	BAR	Jägercompany	**16, Canada**	23.07.1783
2284	Schmidt	Johann	Frankfurt a.M.	60311	1757	BAR	Jägercompany	34	
2285	Schmidt	Johann Conrad	**Fümmelse**	38304	1759	BAR	Leibcompany	(C), 11, 12, Potomac	31.12.1778
2286	Schmidt	Heinrich	**Holzminden**	37603	1751	BAR	Capt. v. Geusau	**16, Canada**	25.06.1783
2287	Schmidt	Jürgen	Wallenrod	36341	1766	BAR	Capt. Dommes	07, Montreal	21.12.1776
2288	Schmidt	August	Potz	A	1761	BAR	Capt. Dommes	07, Canada	29.01.1778
2289	Schmidt	Heinrich	Breitenbach		1744	BAR	Capt. Dommes	34	
2290	Schmidt	Johann	Heilbronn	74072	1758	2.Rec		**16, Canada**	17.07.1783
2291	Schmidt	August	Leithen		1745	2.Rec		**16, Canada**	23.07.1783
2292	Schmidt	Johann Georg	Altstadt		1740	4.Rec		**16, Canada**	25.06.1783
2293	Schmidt	Jacob	Breslau		1758	5.Rec		**16, Canada**	02.07.1783
2294	Schmidtmeyer	Wilhelm	Nürnberg	90402	1736	SPE	Major v. Ehrenkrook	**16, Canada**	24.07.1783
2295	Schmiedel	Wilhelm	Magdeburg	39104	1760	1.Rec		**12, Canada**	16.06.1783
2296	Schminck	Johann	Völkehausen		1755	BAR	Capt. Thomae	11, 33	
2297	Schmotter	Johann Heinrich	Velten	16727	1756	3.Rec		**16, Canada**	25.06.1783
2298	Schmucke	Friedrich	Cölln		1763	BAR	Capt. v. Geusau	(C), 11, 12, Salisbury	26.11.1778
2299	Schnabel	Christian	Grünstadt	67269	1737	BAR	Capt. Thomae	11, 33	
2300	Schnapel	Conrad	**Wangelnstedt**	37627	1753	PFR	Obristlt. v. Hille	(C), 11, 12, Virginia	26.10.1779
2301	Schnee	Anton	Nassau-Dietz		1756	2.Rec		**16, Canada**	16.06.1783
2302	**Schneider (KA)**	Johann	Erpach		1753	RIE	Obrist von Speth	**16, Canada**	19.05.1783
2303	*Schneider (TB)*	Julius	Zellerfeld	38678	1754	RIE	Vacant company	11, 33	
2304	*Schneider (TB)*	Andreas	Zellerfeld	38678	1749	SPE	Major v. Ehrenkrook	11, 12a	
2305	Schneider	Conrad	**Lichtenberg**	38226	1750	GRE	Obristlt. v. Mengen	34	
2306	Schneider	Samuel	Lockwitz	01067	1746	GRE	Cat. v. Schieck	11, 33	
2307	Schneider	Johann	Ascher		1759	1.Rec		**16, Canada**	29.07.1783

2308	Schneider	Philipp	Halberstadt	38820	1753	PFR	Capt. Diedrichs	(C), 11, 12, Winter Hill	05.07.1778
2309	Schneider	Gottlieb	Ziesar	14793	1757	SPE	Major v. Ehrenkrook	12, Canada	25.07.1783
2310	Scneider	Valentin	Zellerfeld	38678	1742	BAR	Capt. v. Geusau	16, Canada	01.08.1783
2311	Schneider	Johann	Ischersdorf		1755	3.Rec		12, Spithead	25.05.1779
2312	Schneider	Christian	Obensleben		1754	5.Rec		12, Canada	20.07.1783
2313	Schnellbacher	Heinrich	Werschau	65611	1761	RIE	Capt. v. Pöllnitz	07, Canada	05.11.1781
2314	Schnelle	Christian	Scheppenstedt		1744	SPE	Capt. v. Lützow	11, 12, Frederick	29.12.1778
2315	Schnellmann	Heinrich	Gittelde	37534	1757	RIE	Capt. v. Pöllnitz	(C), 11, 12, Winter Hill	13.05.1778
2316	Schnödler	Johann	Wilhelmsstadt		1761	2.Rec		16, Canada	26.05.1783
2317	Schnurr	Johann Conrad	Jahnsen		1756	4.Rec		16, Canada	01.07.1783
2318	Schönberger	Johann	Gleißenberg		1758	2.Rec		16, Canada	17.07.1783
2319	Schönecker	Elias Gottlieb	Regensburg	93047	1758	3.Rec		16, Canada	25.07.1783
2320	Schönewald	Conrad	Wessensleben		1759	DRA	Obristtt. Baum	06, Bennington	16.08.1777
2321	Schöning	Georg	Braunschweig	38100	1754	SPE	Capt. v. Lützow	(C), 11, 12, Winter Hill	02.11.1778
2322	Schönitz	Georg	Berlin	10178	1764	RIE	Leibcompany	(C), 11, 12, Pittstown	12.12.1778
2323	Scholckemeyer	Georg	Bröckeln	37619	1759	BAR	Capt. Dommes	06, Freeman's Farm	07.10.1777
2324	Schondorf	Johann	Halle	37620	1750	1.Rec		16, Canada	02.08.1783
2325	Schoppe	Anton	Eimem	37632	1764	SPE	Leibcompany	12	24.04.1778
2326	Schorse	Andreas	Braunschweig	38100	1764	BAR	Capt. v. Geusau	(C), 11, 12, Kinderhook	23.10.1777
2327	Schott	Friedrich	Karlsruhe	76131	1754	2.Rec		31	30.07.1782
2338	Schrader	Christian	Denkte	38321	1759	DRA	Leibcompany	07, Northampton	02.07.1780
2329	Schrader	Heinrich	Veltheim	38173	1743	GRE	Capt. v. Schieck	07, L'Asumption	09.02.1777
2330	Schrader	Andreas	Neu Wallmoden	38729	1732	GRE	Capt. v. Schieck	11, 12, Lancaster	19.12.1778
2331	Schrader	Christoph	Gandersheim	37581	1750	vRH	Capt. Alers	11, 33	
2332	Schrader	Georg	Königslutter	38154	1750	RIE	Leibcompany	(C), 11, 12, Enfield	18.11.1778
2333	Schrader	Christoph	Gebhardtshagen	38229	1751	RIE	Obrist von Speth	06, Freeman's Farm	07.10.1777
2334	Schrader	Jacob	Wedenbüttel		1740	RIE	Obrist von Speth	34	
2335	Schrader	August	Vorsfelde	38448	1758	RIE	Obrist von Speth	11, 33	
2336	Schrader	Julius	Klein Stöckheim	38124	1754	SPE	Capt. v. Plessen	11, 12a	
2337	Schrader	Heinrich	Vorsfelde	38448	1752	2.Rec		12, Canada	18.07.1783
2338	Schrader	Magnus	Fürstenau	38159	1763	2.Rec		16, Canada	27.07.1783

#	Surname	Given name	Birthplace	ID	Birth	Unit	Officer	Location	Date
2339	Schramm	Johann	Wöbbel	32816	1756	vRH	Capt. Alers	(C), 11, 12, Winter Hill	16.11.1777
2340	Schramm	Joh. Zacharias	Clausthal	38678	1759	BAR	Leibcompany	07b, Lac St.Pierre	19.01.1779
2341	Schranckemüller	Matthias	Oberhausen	86154	1764	BAR	Capt. Dommes	07a, Canada	04.07.1780
2342	Schranckenmüller	Michael	Oberhausen	86154	1765	2.Rec		**12, Canada**	27.09.1778
2343	Schreck	Christian	Brüggen	31033	1766	6.Rec		12, New York	13.09.1781
2344	Schreiber	Johann	Kopenhagen	DK	1756	GRE	Capt. v. Schieck	**16, Canada**	26.07.1783
2345	Schreiber	August	**Braunschweig**	38100	1759	SPE	Leibcompany	34	
2346	Schreiber	Johann Martin	Bruchhausen	59939	1749	SPE	Capt. v. Lützow	11, 07, Rutland	09.01.1782
2347	Schreinert	Johann	Ulrichsten		1741	GRE	Capt. v. Löhneisen	34	
2348	Schreinert	Christian	Hamburg	20095	1761	BAR	Capt. Thomae	07, Montreal	23.11.1776
2349	Schrempf	Andreas	Fulda	36037	1759	vRH	Major v. Lucke	**16, Canada**	23.06.1783
2350	Schreyer	Martin Rudolph	Buchen		1755	2.Rec		07, 23	30.08.1778
2351	Schrodt	Franz	Augsburg	86150	1755	2.Rec		**16, Canada**	18.06.1783
2352	**Schröder (TB)**	Johann	**Derenthal**		1761	RIE	Capt. Morgenstern	(C), 11, 12, Winter Hill	10.05.1778
2353	Schröder	Georg	**Braunschweig**	38100	1754	GRE	Capt. v. Löhneisen	06, Bennington	16.08.1777
2354	Schröder	Daniel	Strelitz		1753	SPE	Capt. v. Lützow	07, Freeman's Farm	27.09.1777
2355	Schröder	Joachim	Herrmannsacker	99762	1765	BAR	Capt. v. Geusau	(C), 11, 12, Nobleton	24.10.1777
2356	Schröder	Johann	Nordhausen	99734	1751	2.Rec		**16, Canada**	25.06.1780
2357	Schröder	Georg	Schwerin	19053	1743	4.Rec		07, 23	20.09.1780
2358	Schröter	Johann	Riegeln		1743	1.Rec		07, Canada	10.09.1778
2359	**Schrumpf (TB)**	Nicolaus	Kiegeleben	06456	1756	SPE	Capt. v. Plessen	(C), 11, 07, Cambridge	09.12.1777
2360	Schubart	August	Sandersleben	38100	1751	5.Rec		**16, Canada**	27.07.1783
2361	Schucht	Heinrich	**Braunschweig**	37619	1731	SPE	Capt. v. Dahlstierna	34	
2362	Schüler	Johann Heinrich	**Westerbrak**		1757	RIE	Capt. Morgenstern	11, 12a	
2363	Schüler	Johann	Bunzlau		1759	RIE	Vacant company	**16, Canada**	01.07.1783
2364	Schüler	Johann	Nordhausen	99734		2.Rec		07, Trois Riviere	15.10.1778
2365	Schünemann	Christian	**Essehof**	38165	1755	DRA	Obristlt. Baum	11, 33	
2366	Schünemann	Johann	Werne	59368	1761	2.Rec		**16, Canada**	17.07.1783
2367	Schünemann	Friedrich	Hagen		1760	2.Rec		**16, Canada**	25.06.1783
2368	Schütz	Leopld	Stuckerau	A	1760	BAR	Capt. v. Geusau	**16, Canada**	04.07.1783
2369	Schütze	Johann Gottlieb	Querfurt	06268	1755	4.Rec		07, Canada	04.05.1783

#	Surname	Given name	Place	ID	Year	Unit	Company	Location	Date
2370	Schubmann	Christian	Leine			vRH	Major v. Lucke	07, Canada	18.10.1777
2371	**Schultze (TB)**	Heinrich	**Hornburg**	38315	1742	BAR	Leibcompany	(C), 11, 12, Virginia	08.06.1779
2372	Schultze	Heinrich	**Saalsdorf**	38459	1753	DRA	Major v. Meibom	07, Canada	12.02.1779
2373	Schultze	Caspar	**Süpplingen**	38373	1761	DRA	Obristlt. Baum	07, 23	06.08.1783
2374	Schultze	Andreas	Berlin	10178	1740	1.Rec		**16, Canada**	24.07.1783
2375	Schultze	Heinrich	Magdeburg	39104	1754	GRE	Capt. v. Bärtling	34	
2376	Schultze	Heinrich	**Helmstedt**	38350	1744	PFR	Leibcompany	07, Mount Independence	04.10.1777
2377	Schultze	Johann	Denstedt	99441	1755	PFR	Leibcompany	**16, Canada**	29.07.1783
2378	Schultze	Peter	**Frellstedt**	38373	1747	PFR	Obristlt. v. Hille	11, 33	
2379	Schultze	Heinrich	Klein ?		1742	vRH	Leibcompany	07, Canada	07.02.1779
2380	Schultze	Johann	**Braunschweig**	38100	1762	vRH	Major v. Lucke	11, 12a	
2381	Schultze	Heinrich	**Stadtoldendorf**	37627	1755	RIE	Obrist von Speth	11, 33	
2382	Schultze	Bernhard	**Harzburg**	38667	1750	RIE	Capt. Morgenstern	11, 12a	
2383	Schultze	Christian	Baruth	02627	1737	1.Rec		08, Canada	11.07.1782
2384	Schultze	Carl	Schlotheim	99994	1751	1.Rec		**16, Canada**	25.06.1783
2385	Schultze	Peter	Magdeburg	39104	1755	SPE	Major v. Ehrenkrook	07, Montreal	06.11.1777
2386	Schultze	Jacob	Heitlingen	30826	1759	SPE	Major v. Ehrenkrook	07, Nicolet	21.11.1782
2387	Schultze	Christian	**Helmstedt**	38350	1745	SPE	Major v. Ehrenkrook	11, 12a	
2388	Schultze	Heinrich	**Braunschweig**	38100	1727	SPE	Capt. v. Plessen	34	
2389	Schultze	Christian	**Zobenitz**	39638	1751	SPE	Capt. v. Lützow	34	
2390	Schultze	Adam	**Stadtoldendorf**	37627	1747	BAR	Jägercompany	07, Yamasca	09.05.1777
2391	Schultze.	Gottlieb	Breslau		1736	BAR	Jägercompany	**16, Canada**	23.07.1783
2392	Schultze	Ernst	Tangermünde	39590	1743	BAR	Jägercompany	11, 33	
2394	Schultze	Carl	**Braunschweig**	38100	1751	BAR	Leibcompany	12, Freeman's Farm	04.10.1777
2395	Schultze	Gottlieb	Schweidnitz		1753	BAR	Capt. Dommes	07, Canada	29.06.1778
2396	Schultze	Johann Gottlieb	Lübben	15907	1762	2.Rec		**16, Canada**	27.06.1783
2397	Schultze	Johann	**Braunschweig**	38100	1726	2.Rec		**16, Canada**	26.06.1783
2398	Schultze	Friedrich	Simmern	56618	1760	2.Rec		**16, Canada**	23.07.1783
2399	Schultze	Joachim	Seehausen		1739	2.Rec		**16, Canada**	30.07.1783
2400	Schumann	David	Gaulitz		1740	GRE	Capt. v. Löhneisen	11, 07	12.02.1781
2401	Schumann	Joseph	Elberfeld		1757	PFR	Capt. Diedrichs	16, Canada	29.07.1783

Index, The Brunswick Troops in North - America 1776 - 1783

#	Surname	Given Name	Origin	ID	Year	Unit	Company	Location	Date
2402	Schumann	Friedrich	Hannoverischen		1751	vRH	Capt. v. Schlagenteufel	12, Canada	30.05.1783
2403	Schumann	Peter	Lambspringe		1745	RIE	Leibcompany	34	
2404	Schumann	Geo. Conrad	Remlingen	38319	1756	RIE	Obrist von Speth	(C), 11, 12, Fishkill	01.12.1778
2405	Schumann	Johann Heinrich	Langelsheim	38685		BAR	Leibcompany	(C), 11, 12, N.-Hanover	25.12.1778
2406	Schumann	Carl	Többeln		1761	2.Rec		07, 23	31.08.1778
2407	Schumm	Heinrich	Schennberg		1753	RIE	Vacant company	07, 23	00.04.1776
2408	Schunkermann	Heinrich	Erkerode	38173	1759	DRA	Leibcompany	11, 23	
2409	Schwaab	Stephan	Colmar		1741	3.Rec		16, Canada	22.06.1783
2410	Schwabe (KA)	Johann	Giessen	35390	1754	vRH	Leibcompany	(C), 11, 07, Virginia	07.11.1780
2411	Schwalbe (SG)	Georg	Braunschweig	38100	1746	BAR	Leibcompany	07, St. Francois	07.04.1777
2412	Schwan	Johann Heinrich	Netze	31099	1759	2.Rec		16, Canada	25.06.1783
2413	Schwan	Johann	Bernstadt	02748	1747	5.Rec		16, Canada	25.07.1783
2414	Schwanecke	Julius	Wolfenbüttel	38304	1761	BAR	Capt. v. Geusau	(C), 11, 07, Virginia	07.04.1780
2415	Schwarze	Heinrich	Helmstedt	38350	1725	vRH	Capt. v. Schlagenteufel	07, 23	12.09.1783
2416	Schwarze	Johann	Wolfenbüttel	38304	1752	RIE	Leibcompany	(C), 11, 12, Winter Hill	12.05.1778
2417	Schwarze	Ludewig	Hanau	63450	1764	BAR	Jägercompany	(C), 11, 12, Winter Hill	29.04.1778
2418	Schwarze	Friedrich	Breslau		1727	BAR	Leibcompany	16, Canada	04.07.1783
2419	Schwarzhaupt	Johann	Wendemer		1753	DRA	Major v. Meibom	11, Boston	
2420	Schweckendieck	Gottfried	Bevern	37639	1749	SPE	Capt. v. Dahlstierna	07, Montreal	06.10.1777
2421	Schweimeler	Andreas	Hessen	38835	1740	RIE	Vacant company	34	
2422	Schweimeler	Philipp	Hessen	38835	1743	RIE	Vacant company	11, 12a	
2423	Schwencke	Heinrich	Eyershausen	31087	1734	GRE	Obristlt. v. Mengen	07, Canada	15.10.1781
2424	Schwencke	Johann	Kuhrendorf		1762	2.Rec		07, Canada	19.01.1779
2425	Schwerdtfeger	Johann	Wobeck	38388	1745	RIE	Vacant company	(C), 11, 07, Cambridge	08.08.1778
2426	Schwieger	Carl	Fürstenberg	37699	1752	vRH	Major v. Lucke	34	
2427	Sebbesse	Ernst	Wenzen	37574	1743	RIE	Vacant company	34	
2428	Seckt	Friedrich	Hollstein	37235	1757	BAR	Jägercompany	07, Yamasca	10.12.1776
2429	Seeger	Johann	Stralsund	18439	1760	DRA	Obristlt. Baum	11, 12, Rutland	24.01.1779
2430	Seeger	Christian	Hildesheim	31134	1746	BAR	Jägercompany	07, Hubbardton	07.07.1777
2431	Seeger	Carl	Kiel	24103	1753	BAR	Capt. Dommes	07, 23	
2432	Seegers	Andreas	Braunschweig	38100	1756	BAR	Capt. Thomae	11, 33	02.08.1776

#	Surname	Given name	Town	ID	Year	Unit	Company/Role	Location	Date
2433	Seemann	Carl	Braunschweig	38100	1753	PFR	Obristlt. v. Hille	07, Canada	17.09.1776
2434	Segger	Ernst	Beddingen	38239	1757	RIE	Vacant company	(C), 11, 12, Winter Hill	30.05.1778
2435	Segger	Heinrich	Ildehausen	38723	1753	RIE	Capt. Morgenstern	(C), 11, 07, Cambridge	12.09.1778
2436	Seidel	Gottfried	Zittau	02763	1748	BAR	Jägercompany	07, 23	06.09.1776
2437	Seidenzahl	Johann	Weimar	99423	1754	BAR	Capt. Dommes	16, Canada	23.07.1783
2438	Seilecker	Friedrich	Hildesheim	31134	1757	BAR	Capt. Thomae	(C), 11, 12, Winter Hill	12.05.1778
2439	Seiler	Johann Friedrich	Calvörde	39359	1751	SPE	Capt. v. Lützow	11, 12, Frederick	29.12.1778
2440	Seip	Jacob			1723	PFR	Capt. v. Tunderfeld	07, 23	22.07.1776
2441	Seipel	Heinrich	Hartmannsheim		1762	DRA	Obristlt. Baum	07, Canada	01.11.1777
2442	Seipel	Heinrich	Essdorf		1762	BAR	Capt. Thomae	11, 33	
2443	Seitz	Jacob	Grenelsheim		1745	BAR	Capt. v. Geusau	16, Canada	23.07.1783
2444	Seitz	Johann	Ansbach	97849	1761	3.Rec		16, Canada	29.07.1783
2445	Selchow (TB)	Friedrich	Olsburg		1761	SPE	Capt. v. Plessen	(C), 11, 12, Cambridge	10.11.1778
2446	Semler	Johann	Erlangen	91052	1754	1.Rec		16, Canada	29.07.1783
2447	Sempf (Sch)	Wilhelm	Hessischen		1753	DRA	Stab, (Staff)	(C), 11, 12	04.08.1778
2448	Sempf	Lucas	Thiebach		1728	DRA	Major v. Meibom	16, Canada	28.06.1783
2449	Senckel	August	Braunschweig	38100	1758	vRH	Capt. Alers	11, 12, New Hartford	20.11.1778
2450	Serges	Isaac	Wetzlar	35578	1761	BAR	Jägercompany	12, New York	00.00.1780
2451	Severin	Johann	Bockenem	31167	1758	DRA	Leibcompanie	16, Canada	25.06.1783
2452	Severin	Johann Gottfried	Vordagsen		1760	BAR	Jägercompany	07, Montreal	08.11.1776
2453	Severt	Johann	Nordhausen	99734	1752	1.Rec		16, Canada	25.07.1783
2454	Siebel	Hennig	Ingolstadt	85057	1733	GRE	Obristlt. v. Mengen	(C), 11, 07, Westfield	28.10.1777
2455	Siebenbrod	Christian	Helmstedt	38350	1749	GRE	Capt. v. Schieck	(C), 11, 07, Cambridge	23.07.1778
2456	Sieberling	Carl	Königslutter	38154	1747	BAR	Capt. Thomae	11, 33	
2457	Siebers	Johann Gottfried	Groppenstein		1764	BAR	Leibcompany	07, Canada	16.11.1777
2458	Sieburg	Heinrich	Harzburg	38667	1744	GRE	Capt. v. Bärtling	11, Albany	
2459	Sieburg	Johann	Hildesheim	31134	1743	BAR	Capt. Dommes	07, Sorel	29.11.1776
2460	Sieckmann	Christian	Wahrstedt	38458	1745	vRH	Obristlt. v. Ehrenkrook	11, 33	
2461	Siedekum	Conrad	Lutter a. B.	38729	1745	GRE	Capt. v. Schieck	11, Enfield	
2462	Siedentopf (TB)	Heinrich	Stadtoldendorf	37627	1766	GRE	Capt. v. Löhneisen	(C), 11, 12, Cambridge	30.12.1777
2463	Siedentopf	Wilhem	Schulenrode	38162	1736	vRH	Leibcompany	07, Canada	05.11.1776

Index, The Brunswick Troops in North - America 1776 - 1783

#	Surname	Given name	Place	ID	Year	Unit	Rank/Company	Location	Date
2464	Siedentopf	Heinrich	Mardorf	31535	1755	RIE	Capt. v. Pöllnitz	07, Canada	26.07.1782
2465	**Siefert (TB)**	Johann	Carlshagen	35745	1763	RIE	Obrist von Speth	(C), 11, 12, Winter Hill	11.05.1778
2466	Siegert	Johann	Hirschberg		1762	RIE	Stab (Staff)	16, Fort Edward	01.09.1777
2467	Siegmann	Christian	**Königslutter**	38154	1758	PFR	Capt. Diedrichs	07, Canada	17.09.1776
2468	Siegmann	Christian	**Neuhaus**	37603	1739	2.Rec		07, 23	00.00.1780
2469	Sievers	Christoph	**Bornumhausen**		1760	vRH	Obristlt. v. Ehrenkrook	(C), 11, 07, Albany	28.10.1777
2470	Sievers	Conrad Christian	**Harzburg**	38667	1755	RIE	Leibcompany	07, La Prairie, Can.	07.08.1776
2471	Sievers	Heinrich	**Heinade**	37627	1758	RIE	Capt. v. Pöllnitz	(C), 11, 07, Cambridge	08.10.1778
2472	Sievers	Friedrich	Ohlenrode	31087	1760	BAR	Leibcompany	(C), 11, 12, Virginia	08.01.1779
2473	Sievers	Conrad	**Braunschweig**	38100	1745	vRH	Capt. v. Schlagenreufel	(C), 11, 07, Albany	27.10.1777
2474	Simon	Jacob	Eytelbörn		1739	3.Rec		07, 23	26.05.1779
2475	Simony	Christian	Kassel	34117	1746	BAR	Capt. Dommes	**16, Canada**	01.07.1783
2476	Simpf	Friedrich	**Glentorf**	38154	1741	vRH	Capt. Alers	11, 12a	
2477	Simmemann	Christoph	**Hohlenberg**		1740	vRH	Capt. Alers	11, 12a	
2478	Söder	Peter			1758	DRA	Generalmaj. v. Riedesel	06, Bennington	16.08.1777
2479	Sohlig	Christoph	**Lesse**	38226	1757	vRH	Obristlt. v. Ehrenkrook	(C), 11, 07, Cambridge	09.09.1778
2480	Söhren	Johann Heinrich	Middelforth	DK	1747	BAR	Jägercompany	07, Montreal	04.10.1776
2481	Söllig	Ernst	**Helmstedt**	38350	1754	RIE	Capt. Morgenstern	25.06.1783	25.06.1783
2482	Sölter	Heinrich	**Helmstedt**	38350	1742	RIE	Vacant company	11, 33	
2483	Sörecke	Gottfried	**Braunschweig**	38100	1759	SPE	Major v. Ehrenkrook	07, Carillon	01.08.1777
2484	Soldow	Friedrich	Potsdam	14467	1752	SPE	Leibcompany	**12, Canada**	09.09.1777
2485	Sommer	Wilhelm	**Herrhausen**	38723	1750	DRA	Major v. Meibom	11, Boston	
2486	Sommer	Friedrich	Weitstedt		1758	2.Rec		**16, Canada**	26.07.1783
2487	Sondermann	Conrad	**Bevern**	37639	1759	SPE	Capt. v. Dahlstierna	(C), 11, 12, N.-Hanover	24.12.1778
2488	Sonnenberg	Friedrich	Schmiedestadt		1755	SPE	Capt. v. Dahlstierna	07, Fort Miller	31.08.1777
2489	Sonnenberg	Heinrich	**Semmenstedt**	38327	1742	SPE	Capt. v. Dahlstierna	34	
2490	Sonnenberg	Heinrich	**Wolfenbüttel**	38304	1757	DRA	Generalmaj. v. Riedesel	11, 12	12.02.1781
2491	Sorge	Christian	**Calvörde**	39359	1755	BAR	Jägercompany	11, 33	
2492	Spängeler	Johann	**Braunschweig**	38100	1765	BAR	Capt. Dommes	(C), 11, 12, Springfield	29.10.1777
2493	Spannaus	Christoph	Arnstadt	99310	1729	BAR	Jägercompany	07b, Lac St.Pierre	19.01.1779
2494	Spannuth	Heinrich	Boyenrode		1759	DRA	Generalmaj. v. Riedesel	11, 33	

#	Name		First Name	Place	ID	Year	Unit	Company	Location	Date
2495	**Specht (FN)**		Julius	**Braunschweig**	38100	1749	BAR	Leibcompany	12, New York	00.07.1783
2496	**Specht (TB)**		Johann Gottfried	Duhringen		1767	4.Rec		07, Long Island	26.04.1781
2497	Speckäter		Johann	Hoya	27318	1755	2.Rec		07, Canada	22.06.1779
2498	Spellje		Andreas	**Süpplingen**	38373	1750	RIE	Obrist von Speth	07, Canada	00.12.1777
2499	**Spellig (CA)**			**Wolfenbüttel**	38304	1727	SPE	Capt. v. Lützow	07, Canada	07.11.1777
2500	Sperling		Levin	Stoppelburg		1755	GRE	Capt. v. Löhneisen	34	
2501	Sperling		Christoph	**Dankelsheim**	37581	1757	SPE	Capt. v. Lützow	07, Carillon	14.07.1777
2502	Spier		Lorenz	Böttcherode		1754	vRH	Capt. Alers	07, Carillon	28.07.1777
2503	Spitter		Christoph	Bodungen		1761	2.Rec		**16, Canada**	25.06.1783
2504	Spitzbeist		Johann	Nürnberg	90403	1753	2.Rec		07, Canada	04.08.1783
2505	Sporleder		Johann	Bautzen	02625	1741	GRE	Capt. v. Bärtling	11, 33	
2506	Sprecher		Johann	Hoya	27318	1747	4.Rec		07, Canada	22.10.1781
2507	Springemann		Christian	**Jerxheim**	38381	1742	vRH	Leibcompany	34	
2508	Spürig		Friedrich	**Gandersheim**	37581	1756	vRH	Obristlt. v. Ehrenkrook	11, 12, Oswego	27.11.1778
2509	Stade		Christian	Clausthal	38678	1752	BAR	Capt. v. Geisau	(C), 11, 12, Winter Hill	14.05.1778
2510	Stadeler		Andreas	**Braunschweig**	38100	1730	vRH	Capt. v. Schlagenteufel	07, Canada	26.10.1777
2511	Stadermann		Anton	**Fürstenau**	38159	1759	BAR	Capt. v. Geusau	(C), 11, 12, Winter Hill	17.04.1778
2512	Stamm		Wilhelm	**Bevern**	37639	1765	BAR	Leibcompany	07, Montreal	23.11.1776
2513	Stange		Andreas	Elbingerode	38875	1747	GRE	Capt. v. Bärtling	11, 12a	
2514	Stanze		Christian	Peine	31224	1752	SPE	Major v. Ehrenkrook	**16, Canada**	23.07.1783
2515	Stanze		Johann Wilhelm	**Braunschweig**	38100	1760	2.Rec		**16, Canada**	01.08.1783
2516	Starohs		Carl Gottfried	Chemnitz	09111	1755	2.Rec		07a, Canada	22.06.1782
2517	**Stahser (TB)**			Maastricht	NL	1738	BAR	Capt. Dommes	06, Freeman's Farm	07.10.1777
2518	Staudiegel		Anton	Bamberg	96047	1760	BAR	Leibcompany	07, Freeman's Farm	04.10.1777
2519	Stauffenpeil		Adam	Breitenbach	37327	1752	GRE	Obristlt. v. Mengen	11, 12a	
2520	Steckhane		Johann	Wettlingen	54646	1755	SPE	Capt. v. Dahlstierna	**16, Canada**	23.07.1783
2521	Steger		Johann	Hausen	91353	1762	2.Rec		**16, Canada**	26.06.1783
2522	Steghan		Gottlieb	**Westerode**	38667	1762	SPE	Major v. Ehrenkrook	(C), 11, 12, Winter Hill	19.05.1778
2523	**Stein (FS)**		Theodor	**Holzminden**	37603	1751	GRE	Capt. v. Bärtling	**16, Canada**	18.07.1783
2524	Stein		Christoph	**Wolfshagen**	38685	1747	vRH	Obristlt. v. Ehrenkrook	07, Canada	26.10.1776
2525	Stein		Friedrich	Potsdam	14467	1760	vRH	Major v. Lucke	12, Freeman's Farm	01.10.1777

2526	Stein	Braunschweig	Philipp	38100	1742	SPE	Capt. v. Lützow	34		
2527	Stein	Wiesbaden	Carl	65189	1753	4.Rec		16, Canada	30.06.1783
2528	Steinbrück	Ermannstedt	Heinr. Christian		1760	2.Rec		12, Canada	19.07.1783
2529	Steinhoff	Ludingen	Johann		1749	GRE	Capt. v. Schieck	(C), 11, 12, Sharon	24.11.1778
2530	Steinhoff	Röttgerode	Christian		1756	SPE	Major v. Ehrenkrook	(C), 11, 07, Cambridge	09.12.1777
2531	Steinmann	Wolfenbüttel	Friedrich	38304	1761	GRE	Capt. v. Bärtling	06, Bennington	16.08.1777
2532	Steinmann	Wolfenbüttel	Johann Heinrich	38304	1757	SPE	Capt. v. Lützow	16, Canada	23.07.1783
2533	Steinmüller	Altstadt	Gottfried		1762	5.Rec		07, New York	07.02.1782
2534	Stellfeld	Fischbeck	Heinrich	39524	1743	vRH	Leibcompany	07, New York	04.08.1782
2535	Stendel	Lüchow	Johann		1758	BAR	Leibcompany	11, 33	
2536	Stenger	Mainz	Philipp	55116	1757	1.Rec		16, Canada	26.06.1783
2537	Stephen	Ingersleben	Ludewig	99192	1750	RIE	Capt. v. Pöllnitz	11, 33	
2538	Stephens	Twülpstedt	Johann	38464	1753	RIE	Vacant company	(C), 11, 07, Cambridge	10.02.1778
2539	Steue	Bahrum	Ludewig	38226	1758	PFR	Obristlt. v. Hille	07, Sorel, Can.	01.07.1783
2540	Stieger	Schöningen	Christoph	38364	1739	DRA	Generalmaj. v. Riedesel	11	
2541	Stier (TB)	Braunschweig	Christian	38100	1754	RIE	Vacant company	07, Trois Riviere, Can.	20.05.1777
2542	Stintzinger	Möhringen	Johann		1755	2.Rec		07, 23	27.08.1778
2543	Stirn	Schwarzenberg	Johann	34212	1755	2.Rec		16, Canada	23.07.1783
2544	Stihser	Braunschweig	Heinrich	38100	1762	vRH	Stab, (Staff)	(C), 11, 12, Kinderhook	25.10.1777
2545	Stock (MS)	Ebsdorf	Christian	35085	1732		Generalstab, (G.-Staff)	(C), 11, 07, Brockfield	19.11.1777
2546	Stöckermann	Greene	Rudolph	37547	1756	PFR	Obristlt. v. Hille	(C), 11, 12, Potomac	30.12.1778
2547	Stöhr	Heidelberg	Johann	69117	1745	BAR.	Leibcompany	11, 33	
2548	Störel	Eressen	Diedrich		1753	DRA	Major v. Meibom	07, Canada	05.07.1776
2549	Störell	Erzhausen	Carl	37547	1754	GRE	Capt. v. Bärtling	11, 12a	
2550	Stöter	Lüdingen	Heinrich	27374	1754	SPE	Capt. v. Lützow	07, Fort Edward	29.09.1777
2551	Stolle	Emmersfeld	Andreas		1736	GRE	Capt. v. Bärtling	11, Rutland	
2552	Stolte	Dummelbach	Heinrich		1759	vRH	Capt. Alers	12, Canada	20.07.1783
2553	Stolze	Erzhausen	Johann	37547	1760	vRH	Major v. Lucke	(C), 11, 12, Tyringham	26.10.1777
2554	Stolzenberg	Mühlhausen	Fried. Christoph		1762	2.Rec		12, Canada	19.07.1783
2555	Straub	Mühlhausen	Caspar		1761	BAR	Capt. Thomae	16, Canada	29.06.1783
2556	Strauss	Langelsheim	Johann	38685	1726	BAR	Capt. v. Geusau	11, 33	

Index, The Brunswick Troops in North - America 1776 - 1783

#	Surname	Given name	Origin	ID	Born	Unit	Company	Location	Date
2557	Strauss	Heinrich	Hamburg	20095	1762	vRH	Capt. Alers	(C), 11, 12, Westfield	28.10.1777
2558	Streu	Johann Georg	**Osterlinde**	38226	1751	vRH	Leibcompany	07, Canada	05.11.1776
2559	Stroding	Johann	Magdeburg	39104	1755	vRH	Major v. Lucke	34	
2560	Strötz	Friedrich	Torbay	H	1745	1.Rec		**12, Canada**	30.10.1778
2561	Strübig	Johann	Altona	39130	1758	2.Rec		07, Canada	05.09.1780
2562	Strübig	Johann	Altona	39130	1762	BAR	Capt. Thomae	(C), 11, 07, Cambridge	05.09.1778
2563	Strutts	Johann	**Seesen**	38723	1761	PFR	Capt. Diedrichs	07, Canada	22.10.1776
2564	Struve	Christoph	Zellerfeld	38678	1755	RIE	Obrist von Speth	**12, Canada**	08.02.1783
2565	Stübenitzky	Carl	Leinefelde	37327	1758	RIE	Leibcompany	**12, Canada**	01.07.1783
2566	Stüber	Christian	Abrissingen		1742	2.Rec		**12, Canada**	16.09.1782
2567	Strührig	Conrad	Koppengraben		1743	SPE	Leibcompany	11, 12a	
2568	Stühwolt	Andreas	**Wienrode**	38889	1732	PFR	Obristlt. Praetorius	07, St.Charles	29.07.1780
2569	Stumpf	Carl	Eger		1764	BAR	Jägercompany	06, Hubbardton	07.07.1777
2570	Sudhof	Christoph	**Kreiensen**	37547	1764	DRA	Major v. Meibom	07, Canada	03.09.1776
2571	Sudhof	Heinrich	**Gandersheim**	37581	1738	GRE	Capt. v. Bärtling	07, Canada	14.05.1777
2572	Süss	Johann Paul	Schweinau	90402	1761	2.Rec		**16, Canada**	27.06.1783
2573	Süss	Heinrich	Magdeburg	39104	1761	4.Rec		**16, Canada**	25.06.1783
2574	Sühse	Johann	Loval		1739	GRE	Capt. v. Schieck	**16, Canada**	26.07.1783
2575	Sünnemann	Friedrich	**Hohlenberg**		1745	SPE	Capt. v. Plessen	(C), 11, 07, Cambridge	13.10.1778
2576	Summer	Michael	Mönchheim		1747	3.Rec		**16, Canada**	18.07.1783
2577	**Tacke (SG)**	Johann	**Blankenburg**	38889	1735	BAR	Capt. Thomae	06, Bennington	16.08.1777
2578	Tacke	Johann	Worbsen		1760	DRA	Obristlt. Baum	11, 12	20.10.1781
2579	Tacke	Andreas	Liebenburg	38704	1738	SPE	Major v. Ehrenkrook	07, Canada	15.11.1776
2580	Tacke	Anton	Soest	59494	1750	SPE	Capt. v. Dahlstierna	34	
2581	Tacke	Christ. Conrad	Hegende		1753	BAR	Capt. Thomae	07a, Canada	19.09.1776
2582	Tacke	Christian	**Volzum**	38173	1765	BAR	Capt. Thomae	07b, Nicolet River	03.12.1776
2583	Täger	Andreas	Magdeburg	39104	1762	1.Rec		**16, Canada**	22.07.1783
2584	Tahde	Heinrich	**Braunschweig**	38100	1765	GRE	Capt. v. Löhneisen	12, Freeman's Farm	05.10.1777
2585	Tapfer	Johann	*Oberlausitz*		1746	2.Rec		07, Canada	28.08.1780
2586	Tappe	Heinrich	**Bolzum**	31319	1755	BAR	Leibcompany	**16, Canada**	23.07.1783
2587	Taube	Matthias	Judenburg		1738	4.Rec		(C), 11, 07, Cambridge	20.01.1782

#	Surname	Given name	Place	ID	Year	Unit	Officer	Location	Date
2588	Taufall	Christian	**Engelade**	38723	1749	vRH	Capt. Alers	(C), 11, 12, Winter Hill	02.10.1778
2589	Taufaute	Friedrich	Arolsen	34454	1765	1.Rec		07, Canada	21.03.1781
2590	Tauschmann	Gottfr. Ludewig	Weissensee		1751	2.Rec		**16, Canada**	**23.06.1783**
2591	Tehtmeyer	Ludewig	Brunkhausen		1750	PFR	Obristlt. v. Hille	**16, Canada**	**29.07.1783**
2592	Teihsenroth	Johann	Schanutzfeld		1761	DRA	Leibcompany	06, Bennington	16.08.1777
2593	Temier	Philipp	Bamberg	96047	1757	BAR	Capt. Thomae	11, 33	21.10.1777
2594	Teune	Friedrich	**Helmstedt**	38350	1756	. vRH	Capt. Alers	07, Canada	21.10.1777
2595	Thatt	Georg	Grunde		1765	4.Rec		27	19.08.1782
2596	Thiede	Heinrich	Gifhorn	38518	1726	GRE	Capt. v. Bärtling	11, Rutland	05.05.1778
2597	Thiedemann	Georg Ludewig	Burg	39288	1761	vRH	Leibcompany	(C), 11, 12, Winter Hill	**01.08.1783**
2598	**Thiele (KA)**	Friedrich Lorenz	Reinhausen	37130	1748	2.Rec		**16, Canada**	**01.08.1783**
2599	*Thiele (TB)*	Heinrich	Grävenstein		1725	SPE	Major v. Ehrenkrook	11, 12a	
2600	Thiele	David	Bernburg	06406	1755	1.Rec		**16, Canada**	**28.07.1783**
2601	Thiele	Heinrich	**Lichtenberg**	38226	1747	GRE	Obristlt. v. Mengen	34	
2602	Thiele	Andreas	**Hedeper**	38322	1745	RIE	Obrist von Speth	11, 33	
2603	Thiele	Johann Georg	Weichen		1766	4.Rec		34	
2604	Thielebein	Friedrich	**Königslutter**	38154	1747	2.Rec	Capt. v. Dahlstierna	**12, Canada**	**02.04.1781**
2605	Thielemann	Heinrich	**Ahlum**	38302	1741	SPE	Capt. v. Pöllnitz	**16, Canada**	**25.06.1783**
2606	Thienell	Peter	Zellerfeld	38678	1755	RIE	Capt. v. Schlagenteufel	34	
2607	Thiess	Ferdinand	Herstelle	37688		vRH	Capt. Morgenstern	11, 33	
2608	Thiess	Carl	**Schöningen**	38364	1749	RIE	Major v. Ehrenkrook	11, 12	03.01.1779
2609	Thiess	Friedrich	Wentzen		1760	SPE	Capt. v. Lützow	11, 12, Worcester	13.11.1778
2610	Thiess	Heinrich	**Braunschweig**	38100	1750	SPE	Stab, (Staff)	07, Canada	22.11.1777.
2611	Thoff	Johann	Backendorf		1759	5.Rec	Major v. Ehrenkrook	**16, Canada**	27.07.1783
2612	Thomae	Adam	Langfeld		1758	SPE	Major v. Lucke	**12, Canada**	15.07.1783
2613	Thomae	Gottlieb	Wolkemütz		1756	vRH	Stab, (Staff)	**16, Canada**	25.06.1783
2614	**Thomas (AU)**		**Wolfenbüttel**	38304	1751	DRA	Obristlt. v. Mengen	**16, Canada**	**30.07.1783**
2615	Thomas	Johann	**Wahrstedt**	38458	1744	GRE	Capt. v. Pöllnitz	(C), 11, 07, Cambridge	22.08.1778
2616	Thomas	Jacob	**Börnecke**	38889	1744	RIE	Stab, (Staff)	11, 33	
2617	Thomas	Julius	**Braunschweig**	38100	1763	SPE	Capt. v. Pöllnitz	(C), 11, 12, Lancaster	
2618	Thormann	Andreas	Oppenhausen	37547	1748	RIE	Capt. v. Pöllnitz	11, 33	22.12.1778

Index, The Brunswick Troops in North - America 1776 - 1783

#	Surname	First name	Place	ID	Year	Unit	Rank	Location	Date
2619	Thun	Christian	Helmstedt	38350	1756	GRE	Capt. v. Löhneisen	07b, Canada	16.02.1782
2620	**Tiebe (KK)**	Conrad	Warnstedt	06502	1753	RIE	Stab, (Staff)	(C), 11, 12, Reading	15.08.1781
2621	Tielecke	Andreas	Altenhausen	39343	1750	PFR	Capt. v. Tunderfeld	**16, Canada**	29.07.1783
2622	Tielemann	Friedrich	**Halle**	37620	1757	vRH	Obristlt. v. Ehrenkrook	07, Canada	29.10.1777
2623	Tietge	Heinrich	Gronau	31028	1757	vRH	Major von Lucke	11, 33	
2624	Tiettge	Heinrich	**Wolfenbüttel**	38304	1752	SPE	Capt. v. Lützow	34	
2625	Tiettlein	Johann	Marklangsheim		1750	BAR	Capt. Dommes	07, Quebec	04.10.1776
2626	Tietz	Ludwig	**Braunschweig**	38100	1753	SPE	Major v. Ehrenkrook	(C), 11, 12, Winter Hill	01.10.1778
2627	**Tillert (FS)**	Christoph	Heinrichs		1757	PFR	Capt. v. Tunderfeld	**16, Canada**	29.07.1783
2728	Timme	Gottfried	**Wolfenbüttel**	38304	1760	DRA	Leibcompany	07b, Canada	23.12.1782
2629	Timmer	Ludewig		FR	1739	RIE	Leibcompany	07, Canada	06.10.1778
2630	Tippe	Wilhelm	Trautenstein	38899	1762	vRH	Capt. Alers	(C), 11, 12, Tyringham	26.10.1777
2631	Tittel	Heinrich			1755	GRE	Capt. v. Löhneisen	(C), 11, 12, Winter Hill	03.07.1778
2632	**Tögel (QM)**	Friedrich	Elbrick		1755	DRA	Leibcompany	06, Bennington	16.08.1777
2633	Tölle	Johann	Ramingen		1755	2.REC		**16, Canada**	10.07.1783
2634	Töllner	Andreas	Schwarzfeld		1765	vRH	Stab, (Staff)	(C), 11, 07, Cambridge	05.02.1778
2635	Tönnies	Johann	Hannover	30169	1763	2.REC		07, Canada	01.06.1781
2636	Töpcke	August	**Wolfenbüttel**	38304	1754	SPE	Major v. Ehrenkrook	07, Freeman's Farm	20.09.1777
2637	Töpperwien	Christoph	Andreasberg	59909	1730	vRH	Capt. v. Schlagenteufel	07, Canada	04.12.1782
2638	Tolle	Jürgen	**Braunschweig**	38100	1745	vRH	Capt. v. Schlagenteufel	34	
2639	Tornette	Daniel	**Gandersheim**	37581	1742	SPE	Major v. Ehrenkrook	(C), 11, 07, Albany	19.10.1777
2640	Torngrün	Jacob	Sodenham	S	1742	SPE	Capt. v. Dahlstierna	07, Fort Miller	04.09.1777
2641	Tornier	Carl	Osterwiek	38835	1758	DRA	Major v. Meibom	**16, Canada**	07.07.1783
2642	**Tornow (KA)**	Johann	*Pommern*		1737	BAR	Capt. Thomae	07, Canada	09.06.1783
2643	Torlisch	Thomas	*Croatien*		1726	BAR	Capt. v. Geusau	11, 33	
2644	Tost	Julius	Salzliebenhall		1755	DRA	Major v. Meibom	**16, Canada**	27.06.1783
2645	Tost	Julius	Elbingerode	38875	1762	vRH	Obristlt. v. Ehrenkrook	(C), 11, 12, Lancaster	01.12.1778
2646	Tost	Christian	Clausthal	38678	1754	1.Rec		**16, Canada**	01.08.1783
2647	**Traeger (CA)**	Andreas	Grunde		1727	SPE	Capt. v. Plessen	07a, Canada	02.11.1781
2648	Traumann	Heinrich	Klenzen		1759	BAR	Leibcompany	(C), 11, 12, Kinderhook	22.10.1777
2649	Traupe	Ernst	**Stadtoldendorf**	37627	1743	SPE	Capt. v. Plessen	(C), 11, 07, Virginia	04.02.1780

Index, The Brunswick Troops in North - America 1776 - 1783

#	Surname	Given name	Birthplace	ID	Year	Unit	Company	Location	Date
2650	Trautner	Peter	Richtheim		1757	BAR	Capt. v. Geusau	16, Canada	25.07.1783
2651	Treckner	Elias	Andreasberg	59909	1757	1.Rec		07, 23	13.05.1777
2652	Treues	Johann	Litzingen		1741	vRH	Leibcompany	11, 12a	
2653	Treutz	Caspar	Buschlach		1746	2.Rec			26.06.1783
2654	**Tritt de (KA)**	Friedrich	Bayreuth	95444	1757	BAR	Capt. Dommes	**16, Canada**	04.07.1783
2655	Tritt de	August	Bayreuth	95444	1761	BAR	Capt. Dommes	**16, Canada**	04.07.1783
2656	Trottmann	Anton	Hadamer	65589	1731	2.Rec		**16, Canada**	23.06.1783
2657	Trüsselmann	Christian	Bächckendorf		1744	BAR	Jägercompany	11, 33	
2658	Trull	Heinrich	**Kirchberg**	38723	1749	vRH	Major v. Lucke	07, 23	13.09.1776
2659	Tuhoff	Christian	**Wolfenbüttel**	38304	1748	GRE	Capt. v. Schieck	06, Bennington	16.08.1777
2660	Turetesch	Elias	Ulm	89077	1759	3.Rec		07, Canada	21.04.1782
2661	**Turnau (FS)**	Benedict	Rauhaus		1755	BAR	Capt. v. Geusau	**16, Canada**	01.07.1783
2662	Tusder	Michael	Nürnberg	90402	1752	BAR	Leibcompany	07, Canada	12.03.1783
2663	Twele	Ludewig	**Stadtoldendorf**	37627	1750	vRH	Obristlt. v. Ehrenkrook	07, Canada	27.09.1777
2664	Uctzfeld	Christoph	**Helmstedt**	38350	1751	GRE	Capt. v. Schieck	(C), 11, 07, Virginia	16.08.1780
2665	Uckermann	Wilhelm	Holzen	37632	1758	vRH	Capt. Alers	(C), 11, 12, Winter Hill	05.05.1778
2666	Uhde	Hermann	**Garlebsen**	37547	1740	RIE	Vacant company	(C), 11, 07, Reading	05.09.1782
2667	Uhde	Johann	**Seboldshausen**	37581	1755	BAR	Leibcompany	11, 33	
2668	Uhder	Ludwig	Osterode	37520	1758	BAR	Capt. Dommes	07, New York	
2669	Uhle	Heinrich	**Nordsteimke**	38446	1756	DRA	Major v. Meibom	11, 33	05.09.1781
2670	**Uhlendorf (TB)**	Friedrich	Rauschenwasser	37120	1766	BAR	Capt. Dommes	(C), 11, 12, Norfolk	23.10.1777
2671	**Uhlig (KA)**	Daniel	**Braunschweig**	38100	1729	GRE	Capt. v. Löhneisen	07, 23	23.08.1783
2672	Uhr	Georg	Liegnitz		1763	vRH	Capt. v. Schlagenteufel	12, Saratoga	10.10.1777
2673	Ullrich	Friedrich	Halberstadt	38820	1759	BAR	Jägercompany	(C), 11, 12, Winter Hill	11.04.1778
2674	Unger	Christoph	**Hasselfelde**	38899	1763	DRA	Major v. Meibom	11, 33	02.09.1778
2675	Unverhauen	Johann	**Seesen**	38723	1753	BAR	Capt. Thomae	07, Nicolet, Canada	08.12.1776
2676	**Unverzagt (FN)**		**Braunschweig**	38100	1754	RIE	Capt. v. Pöllnitz	07, La Prairie, Canada	08.08.1777
2677	Urbanossky	Ernst	Danzig		1760	BAR	Capt. Dommes	07, Fort Edward	08.08.1777
2678	Ussner	Christian	Darmstadt	64283	1753	BAR	Leibcompany	(C), 11, 12, N-Hanover	25.12.1778
2679	Vass	Heinrich	Langensalza	99947	1764	vRH	Capt. v. Schlagenteufel	07a, Trois Riviere	13.08.1779
2680	Vatterott	Johann Valentin	Nieder Urschell		1763	4.Rec		**16, Canada**	26.07.1783

#	Surname	Given name	Place	ID	Year	Unit	Rank	Location	Date
2681	Veching	Johann	Erfurt	99089	1756	SPE	Capt. v. Dahlstierna	11, 33	
2682	**Vechner (HB)**	Joseph	Hildesheim	31134	1753	SPE	Stab, (Staff)	(C), 11, 12, Wilbraham	16.11.1778
2683	Verdries	Christoph	Hildesheim	31134	1754	RIE	Capt. Morgenstern	**16, Canada**	25.06.1783
2684	Vernau	Johann Christian	Gotha	99867	1760	2.Rec		**12, Canada**	06.07.1778
2685	Vessel	Ludwig	**Cattenstedt**	38889	1733	PFR	Capt. v. Tunderfeld	07, Beloeil, Canada	22.12.1778
2686	Vetter	Friedrich	Darmstadt	64283	1762	RIE	Capt. v. Pöllnitz	(C), 11, 12, Winter Hill	13.05.1778
2687	Vetter	Christian	Staufenberg	34355	1754	BAR	Capt. Dommes	07, Canada	03.12.1780
2688	Viano	Andreas	Savoy	I	1754	1.Rec		**12, Canada**	15.05.1783
2689	**Völsche (TB)**	Johann Anton	**Braunschweig**	38100	1752	SPE	Capt. v. Dahlstierna	07, 23	10.09.1776
2690	Vogel	Wilhelm	**Hohegeiß**	38700	1741	SPE	Capt. v. Lützow	12a	
2691	Vogel	Johann Georg	Rodensberg		1755	BAR	Capt. Thomae	(C), 11, 12, Winter Hill	13.05.1778
2692	Vogel	Johann Georg	Rodensberg		1764	2.Rec		**12, Canada**	15.05.1778
2693	Vogel	Stephan	Oberstdorf	87561	1755	2.Rec		**16, Canada**	26.06.1783
2694	**Vogeler (HB)**	Friedrich	**Hessen**	38835	1747	PFR	Stab, (Staff)	**16, Canada**	29.07.1783
2695	Vogelsang	Johann	Gustedt	38274	1756	SPE	Major v. Ehrenkrook	(C), 11, 12, Winter Hill	26.11.1777
2696	Vogelsberg	Christoph	Regensdorf		1735	SPE	Capt. v. Plessen	**16, Canada**	22.07.1783
2697	**Voges (KA)**	Martin	**Braunschweig**	38100	1753	RIE	Leibcompany	06, Freeman's Farm	07.10.1777
2698	Voges	Heinrich	Langelsheim	38685	1759	DRA	Obristlt. Baum	(C), 11, 12, Virginia	04.03.1780
2699	Voges	Christian	Kreiensen	37620	1757	GRE	Capt. v. Bärtling	11, 33	
2700	Voges	Christian Ernst	**Braunschweig**	38100	1752	vRH	Obristlt. v. Ehrenkrook	(C), 11, 12, Potomac	30.12.1778
2701	Voges	Heinrich	**Bartshausen**	37574	1754	RIE	Capt. Morgenstern	11, 07, Rutland	00.00.1780
2702	Voges	Heinrich	Bohmstedt	25853	1756	SPE	Capt. v. Plessen	(C), 11, 12, Winter Hill	30.04.1778
2703	Voges	Johann Heinrich	**Greene**	37547	1758	1.Rec		**16, Canada**	26.07.1778
2704	Voigt	Daniel	**Hohegeiß**	38700	1761	RIE	Capt. v. Pöllnitz	(C), 11, 12, N-Hanover	24.12.1778
2705	Voigt	Wilhelm	Naumburg	06618	1755	1.Rec		07b, Lac St.Pierre	19.01.1779
2706	Volck	Heinrich	Höhne		1747	SPE	Capt. v. Plessen	11, 12	00.10.1777
2707	**Volckmar (SG)**	Conrad	Goslar	38642	1726	GRE	Capt. v. Löhneisen	(C), 11, 07, Cambridge	25.12.1778
2708	Vollmann	Sigmund	Weißenbrunn		1750	5.Rec		**16, Canada**	24.07.1783
2709	**Vollrath (TB)**	Heinrich	**Rüningen**	38122	1763	vRH	Capt. Alers	(C), 11, 12, Tawnytown	26.12.1778
2710	Voltze	Heinrich	Fallstedt		1742	BAR	Capt. Dommes	(C), 11, 07, Cambridge	31.08.1778
2711	Voss	Johann	**Grünenplan**	31073	1748	RIE	Vacant company	34	

#	Surname	Given Name	Place	ID	Year	Unit	Rank/Company	Location	Date
2712	Voss	Christian Heinr.	Ulmke		1759	SPE	Major v. Ehrenkrook	(C), 11, 12, Kinderhook	22.10.1777
2713	Voss	Jürgen	Erzhausen	37547	1758	SPE	Capt. v. Dahlstierna	07, Crown Point	09.07.1777
2714	Voss	Johann	Erzhausen	37547	1752	SPE	Capt. v. Dahlstierna	34	
2715	Voss	Christian	Nordheim		1743	3.Rec		**16, Canada**	24.07.1783
2716	Wacker	Johann	Lauterbach	36341	1759	PFR	Leibcompany	**16, Canada**	29.07.1783
2717	**Wackerhag.(KA)**		**Braunschweig**	38100	1732	GRE	Capt. v. Schieck	06, Freeman's Farm	07.10.1777
2718	Waterling	Jürgen	**Neustadt**		1761	vRH	Major v. Lucke	(C), 11, 07, Cambridge	05.11.1778
2719	Wagemann	Conrad	Borntrück		1746	BAR	Jägercompany	(C), 11, 12, Winter Hill	22.06.1778
2720	Wagener	Christian	**Calvörde**	39359	1753	GRE	Obristlt. v. Mengen	11, Lancaster	
2721	Wagener	Eberhard	**Stiege**	38899	1763	PFR	Capt. v. Tunderfeld	07, Ticonderoga	24.10.1777
2722	Wagener	Jacob	Helmern	33181	1736	vRH	Obristlt. v. Ehrenkrook	07, Cap Sante, Cdn.	04.03.1777
2723	Wagener	Heinrich	Giebelhausen		1753	vRH	Capt. v. Schlagenteufel	(C), 11, 07, Winter Hill	13.11.1777
2724	Wagener	Johann Andreas	**Blankenburg**	38889	1757	SPE	Capt. v. Lützow	**12, Canada**	17.06.1783
2725	Wagener	Gottfried	Rothenburg		1758	BAR	Jägercompany	11, 33	
2726	Wagener	Ferdinand	Tappenburg		1751	BAR	Jägercompany	11, 33	
2727	Wagener	Johann	Naumburg	34311	1755	BAR	Capt. v. Geusau	11, 12a	
2728	Wagener	Johann Georg	Dorsen		1761	2.Rec		**16, Canada**	29.07.1783
2729	Wagener	Christian	Radern		1748	4.Rec		**16, Canada**	26.07.1783
2730	Wagenknecht	Hermann	Darmstadt	64283	1735	PFR	Obristlt. Praetorius	33	02.08.1783
2731	Wall	Johann Michael	Breitenbach	37327	1759	4.Rec		**16, Canada**	20.06.1783
2732	**Wahnschape(KA**	Andreas	**Braunschweig**	38100	1732	GRE	Capt. v. Schieck	06, Freeman's Farm	07.10.1777
2733	**Wahnschape(TB)**	Heinrich Andreas	Hayersdorf	04618	1760	GRE	Capt. v. Schieck	34	
2734	Wahnschape	Christian	Dudenstedt	37115	1739	GRE	Obristlt. v. Mengen	07, Montreal	27.08.1776
2735	Wahnschape	Christian	**Blankenburg**	38889	1744	vRH	Major v. Lucke	34	
2736	Wahnschape	Joachim	**Jerxheim**	38381	1763	BAR	Capt. v. Geusau	07, Montreal	23.11.1776
2737	Wahsel	Joseph	Allersberg		1764	2.Rec		07b, Lac St.Pierre	19.01.1779
2738	Walch	Bernhard	Langemöde		1758	2.Rec		**12, Canada**	25.07.1783
2739	Waldeck	Johann	Krossen	15938	1747	BAR	Jägercompany	11, 07, Oswego	27.11.1778
2740	Wallbaum	Friedrich	Wansleben	06318	1734	GRE	Capt. v. Löhneisen	07, Arpentigny	03.03.1777
2741	Walter	Friedrich	Görnitzenrode		1745	PFR	Leibcompany	07a, Richelieu River	28.09.1779
2742	Walter	Friedrich	**Opperhausen**	37547	1751	vRH	Major v. Lucke	34	

2743	Wander	Diedrich	Engelade	38723	1741	GRE	Capt. v. Löhneisen	06, Freeman's Farm	07.10.1777
2744	Warnecke	Heinrich	**Holzminden**	37603	1753	vRH	Leibcompany	**16, Canada**	25.07.1783
2745	Warnecke	Johann	Andreasberg	59909	1752	SPE	Major v. Ehrenkrook	07, Canada	30.01.1781
2746	Warnecke	Johann	Litthausen		1756	2.Rec		**12, Canada**	30.05.1783
2747	Warnecke	Johann Ludwig	**Helmstedt**	38350	1742	4.Rec		**16, Canada**	30.06.1783
2748	Wasmus	Heinrich	**Lichtenberg**	38226	1760	DRA	Generalmaj.v. Riedesel	09, 06, Bennington	27.08.1777
2749	Weber	Caspar	Windhausen		1760	DRA	Major v. Meibom	06, Bennington	16.08.1777
2750	Weber	Jürgen	Steinau		1745	GRE	Obristlt. v. Mengen	(C), 11, 07	23.11.1778
2751	Weber	Heinrich	**Braunschweig**	38100	1740	GRE	Capt. v. Löhneisen	11, 33	
2752	Weber	Johann	Solmsbraunfels		1738	vRH	Leibcompany	34	
2753	Weber	Johann	Hadenshausen		1762	RIE	Leibcompany	07, Trois Riviere	25.07.1777
2754	Weber	Nicolaus	*Elsaß*	F	1735	BAR	Capt. v. Geusau	11, 33	
2755	Weber	Johann Andreas	Prag	CSR	1750	1.Rec		07, Canada	10.11.1777
2756	Weber	Peter	Heyl		1756	2.Rec		**16, Canada**	26.07.1783
2757	Weber	Johann	Kemmst		1756	2.Rec		07, Canada	30.07.1783
2758	Weber	Johann	Oettingen	86732	1760	2.Rec		**16, Canada**	30.07.1783
2759	Weber	Johann Georg	Hempenfeld		1754	3.Rec		**16, Canada**	29.07.1783
2760	Webse	Philipp	Stade	21680	1760	GRE	Capt. v. Bärtling	(C), 11, 12, Winter Hill	09.05.1778
2761	Wecke	Ludewig	Hayen		1759	RIE	Vacant company	(C), 11, 12, Nobleton	24.10.1777
2762	Weddig	Johann Peter	Garleben		1758	2.Rec		**16, Canada**	23.07.1783
2763	Wedelin	Carl	**Lesse**	38226	1747	vRH	Major v. Lucke	07, Saratoga	03.07.1782
2764	Wedelin	Heinrich	**Braunschweig**	38100	1764	vRH	Obristlt. v. Ehrenkrook	05.10.1777	05.10.1777
2765	**Wedekind (TB)**	Heinrich	**Kirchbrak**	37619	1759	vRH	Leibcompany	(C), 11, 12, York	23.12.1778
2766	Wedekind	Johann	**Kirchbrak**	37619	1759	RIE	Vacant company	(C), 11, 12	19.11.1778
2767	Wedel	Johann	*Thüringen*		1731	RIE	Capt. v. Pöllnitz	(C), 11, 07, Cambridge	30.08.1778
2768	Wedemann	Daniel	Hamburg	20095	1761	BAR	Capt. Thomae	11, 33	
2769	Wedemeyer	Adam	Freddelsloh		1755	1.Rec		07, Canada	20.12.1780
2770	Wegelein	Matthias	Zollingen		1760	BAR	Jägercompany	**16, Canada**	23.07.1783
2771	Wegelin	Georg	Ansbach	91522	1741	RIE	Capt. Morgenstern	30.07.1783	30.07.1783
2772	**Wegener (SG)**	Wilhelm	**Hüttenrode**	38889	1730	GRE	Capt. v. Löhneisen	(C), 11, 07, Cambridge	04.12.1778
2773	Wegener	Carl	Leipzig	04109	1753	BAR	Leibcompany	11, 33	

#	Surname	Given Name	Place	ID	Year	Unit	Company	Location	Date
2774	Wegener	Andreas	Treuenbritzen	14929	1748	BAR	Capt. Dommes	07, Nicolet, Cdn.	27.02.1777
2775	Wegener	Casper	Tauberzell	91587	1755	2.Rec		**16, Canada**	25.07.1783
2776	Weger	Martin	Schennberg		1736	SPE	Capt. v. Lützow	34	
2777	Wehde	Heinrich	**Oppershausen**	37547	1746	RIE	Capt. v. Pöllnitz	07, Trois Riviere, Cdn.	28.05.1777
2778	Wehe	Ernst	**Oppershausen**	37547	1750	RIE	Obrist von Speth	11, 12, Frederick	28.12.1778
2779	Wehling	Ernst Christian	Münster	48145	1763	2.Rec		**12, Canada**	25.07.1783
2780	Wehmeyer	Christian	**Markoldendorf**	37586	1764	5.Rec		**12, Canada**	29.06.1783
2781	Wehr	Hugo	Bardloff		1758	1.Rec		08, Canada	11.06.1782
2782	Wehrmeyer	Christian	**Markoldendorf**	37586	1764	5.Rec		**12, Canada**	29.05.1783
2783	Weidig	Franz	**Hessen**	38835	1754	PFR	Cap. Diedrichs	07, Canada	29.07.1782
2784	Weidling	Christoph	Lochau	06184	1764	1.Rec		**12, Canada**	24.10.1778
2785	Weigel	Christoph	**Greene**	37547	1750	RIE	Leibcompany	(C), 11, 12, Virginia	31.10.1779
2786	Weil	Caspar	Darmstadt	64283	1764	BAR	Jägercompany	06, Bennington	16.08.1777
2787	Weinberg	Heinrich	**Ackenhausen**	37581	1743	vRH	Leibcompany	07, Skeenesborough	11.07.1777
2788	Weinküber	Johann	Brobach		1758	2.Rec		**16, Canada**	26.07.1783
2789	Weinreich	Georg	Kreutzberg	53505	1749	SPE	Capt. v. Plessen	11, 12	10.10.1777
2790	Weiss	Johann	Elbingen		1757	GRE	Capt. v. Bärtling	06, Bennington	16.08.1777
2791	Weiss	Johann	Stuttgart	70182	1754	BAR	Jägercompany	06, Bennington	16.08.1777
2792	Weiss	Anton	Bayreuth	95444	1753	BAR	Jägercompany	11, 33	
2793	Weiss	Heinrich	Gleißenberg	93477	1759	BAR	Capt. Dommes	07, Montreal	18.11.1776
2794	Weißenborn	Johann Friedrich	Bühringen		1757	1.Rec		**16, Canada**	24.06.1780
2795	Weißgerber	Anton Joachim	Wetzlar	35578	1764	SPE	Capt. v. Lützow	(C), 11, 12, Kinderhook	21.10.1777
2796	Weissleder	Christian	**Stiege**	38889	1761	SPE	Capt. v. Lützow	11, 12, Peterstown	26.12.1778
2797	Weithe	Johann	Rostock	18055	1748	2.Rec		**16, Canada**	29.07.1783
2798	Welge	Heinrich	**Lobmachtersen**	38259	1760	GRE	Capt. v. Schieck	11, 33	
2799	Wellig	Christoph	**Wolfenbüttel**	38304	1751	RIE	Obrist von Speth	(C), 11, 12, Winter Hill	06.06.1778
2800	Welling	Friedrich	Siebenhausen	06766	1764	5.Rec		07, New York	22.09.1781
2801	Wendhorst	Georg	Leinefeld		1759	PFR	Capt. Diedrichs	07, Ticonderoga	11.10.1777
2802	Wendtrott	Johann	Stolberg	06547	1733	5.Rec		07, New York	05.09.1781
2803	Wenzel	August	Liebenburg	38704	1766	DRA	Stab, (Staff)	11, 12	01.11.1777
2804	Weppler	Conrad	Hessen Homburg		1762	SPE	Capt. v. Lützow	(C), 11, 12, Kinderhook	21.10.1777

#	Surname	Given name	Birthplace	ID	Birth	Unit	Officer/Company	Co./Loc.	Date
2805	Wernecke (HB)	Heinrich	Hasselfeld	38899	1763	RIE	Stab, (Staff)	07, Sorel, Cdn.	26.10.1776
2806	Werner	Heinrich	Obisfeld		1751	vRH	Capt. Alers	(C), 11, 12, Winter Hill	08.11.1778
2807	Werner	Carl	Andreasberg	59909	1744	BAR	Jägercompany	06, Hubbardton	07.07.1777
2808	Werneri	Johann Christian			1741	4.Rec		12, Canada	01.07.1783
2809	Wesche	Johann	Braunschweig	38100	1753	BAR	Capt. v. Geusau	12, Canada	26.05.1777
2810	Wesemann	Johann	Braunschweig	38100	1764	SPE	Capt. v. Plessen	(C), 11, 12, Winter Hill	30.04.1778
2811	Wessel	Anton Christoph	Pegelbock		1745	3.Rec		07, Canada	09.10.1779
2812	West	Thomas	Bayreuth	95444	1761	vRH	Major v. Lucke	06, Bennington	16.08.1777
2813	Westerkamp	Rudolph	Osnabrück	49074	1745	1.Rec		16, Canada	23.07.1783
2814	Westphal	Christian	Mecklenburg		1755	RIE	Capt. Morgenstern	11, 12, Frederick	29.12.1778
2815	Wetter	Johann	Perleberg	19348	1735	GRE	Capt. v. Schieck	11, 33	
2816	Wetter	Georg	Dessau	06844	1747	PFR	Obristt. v. Hille	16, Canada	29.07.1783
2817	Weydanz	Johann	Gandersheim	37581	1733	BAR	Capt. Thomae	07, Canada	23.12.1782
2818	Weyland	Heinrich	Wolfshagen	38685	1759	GRE	Capt. v. Löhneisen	07, St.Denis, Cdn	06.10.1776
2819	Weymann	Matthias	Braunschweig	38100	1739	4.Rec		07, Canada	07.04.1782
2820	Wicke	Wilhelm	Gadenstedt	31246	1758	GRE	Capt. v. Löhneisen	11, 12, Marlborough	10.11.1778
2821	Wiebeck	Heinrich	Vorsfelde	38448	1739	SPE	Capt. v. Plessen	34	
2822	Wieburg	August	Zellerfeld	38678	1744	SPE	Leibcompany	11, 33	
2823	Wieckmann	Gebhard	Reisslingen	38446	1729	PFR	Leibcompany	11, 33	
2824	Wiedecker	Andreas	Riddagshausen	38108	1754	vRH	Leibcompany	34	
2825	Wieg	Ferdinand	Bayreuth	95444	1761	RIE	Obrist von Speth	12, Canada	
2826	Wiegand	Johann	Gerslingen		1743	2.Rec		07, 23	21.08.1778
2827	Wiegmann	Philipp	Wolfenbüttel	38304	1753	vRH	Capt. Alers	(C), 11, 12, Winter Hill	09.04.1778
2828	Wiehe	Christoph	Calvörde	39359	1742	vRH	Obristlt. v. Ehrenkrook	34	
2829	Wiemer	Carl	Eschershausen	37632	1755	GRE	Capt. v. Schieck	11, 33	
2830	Wienecke	Andreas	Bockenem	31167	1749	DRA	Leibcompany	11, 33	
2831	Wienecke	Daniel	Alfeld	31061	1758	GRE	Capt. v. Schieck	09, 06, Bennington	03.09.1777
2832	Wienecke	Ernst	Naensen	37574	1724	SPE	Capt. v. Dahlstierna	07, Canada	10.12.1782
2833	Wiese	Friedrich	Liebenburg	38704	1745	SPE	Capt. v. Dahlstierna	34	
2834	Wiesemann	Christoph	Neustadt		1760	DRA	Generalmaj. v. Riedesel	07, Canada	26.06.1776
2835	Wiesener	Ludwig	Königsberg		1740	BAR	Jägercompany	16, Canada	30.06.1783

2836	Wiesener	Sebastian	Walldorf	69190	1759	3.Rec		07, Canada	22.08.1781
2837	Wilcke	Jobst	Ottenstein	31868	1739	PFR	Leibcompany	06, Ticonderoga	18.09.1777
2838	Wilckens	Christian	Braunschweig	38100	1749	BAR	Capt. Thomae	(C), 11, 12, Kinderhook	27.06.1780
2839	Wild	Carl	Wolfenbüttel	38304	1762	vRH	Capt. v. Schlagenteufel	07, St.Croix, Cdn	19.12.1776
2840	Willa	Daniel	Wolfenbüttel	38304	1753	GRE	Capt. v. Löhneisen	07, Montreal	10.04.1777
2841	Willcke	Valentin	Denstorf	38116	1764	vRH	Capt. Alers	07, Canada	26.08.1777
2842	Willcke	Friedrich	Seehausen	14913	1761	6.Rec		12, Canada	22.06.1783
2843	Wille	Andreas	Voigtsdahlum		1759	DRA	Generalmaj.v. Riedesel	07, Canada	19.07.1776
2844	Wille	Daniel	Wolfenbüttel	38304	1751	GRE	Obristtt. v. Mengen	27, Canada	10.04.1779
2845	Wille	Friedrich	Ahlshausen	37547	1753	GRE	Obristtt. v. Mengen	11, 33	
2846	Wille	Peter	Hessen		1757	SPE	Capt. v. Plessen	11, 12, N.-Providence	17.12.1778
2847	Wille	Sebastian	Hessen-Darmstadt		1741	SPE	Capt. v. Plessen	34	
2848	Wille	Christian	Gandersheim	37581	1735	BAR	Capt. v. Geusau	11, 33	
2849	Willecke	Heinrich	Goslar	38642	1762	DRA	Generalmaj.v. Riedesel	11, 12	
2850	Willenbruch(KA)	Franz	Braunschweig	38100	1749	SPE	Leibcompany	(C), 11, 12, York	28.12.1778
2851	Willert	Johann	Mecklenburg		1758	vRH	Leibcompany	07, Canada	24.11.1776
2852	Willert	Joseph	Bern	CH	1753	BAR	Leibcompany	34	
2853	Willner	Heinrich	Goslar	38642	1742	DRA	Obristtt. Baum	16, Canada	24.07.1783
2854	Willmers	Adam	Borntrück		1757	SPE	Leibcompany	(C), 11, 12, Kinderhook	22.10.1777
2855	Winckelmann	Johann Heinrich	Sangerhausen	06526	1746	2.Rec		16, Canada	23.07.1783
2856	Winckelmann	Johann Heinrich	Harbeck	41844	1757	2.Rec		07, Sorel, Cdn	07.05.1783
2857	Winckelvoss	Andreas	Ammensen		1757	DRA	Obristtt. Baum	01.08.1783	01.08.1783
2858	Winter	Heinrich	Calvörde	39359	1753	GRE	Obristtt. v. Mengen	11, Lancaster	
2859	Winter	Heinrich	Flechtorf	39165	1750	vRH	Major v. Lucke	07, Canada	15.08.1777
2860	Winterschmidt	Carl (FN)	Wolfenbüttel	38304	1754	GRE	Obristtt. Breymann	11, 12, Virginia	00.00.1779
2861	Wippler	Adam	Hessischen		1765	RIE	Capt. v. Pöllnitz	06, Saratoga	14.10.1777
2862	Wippold	Heinrich	Braunschweig	38100	1753	GRE	Obristtt. v. Mengen	(C), 11, 12, Winter Hill	27.05.1778
2863	Wihsel (v)(KA)	Ferdinand	Hannoverischen		1761	5.Rec		12, New York	00.08.1782
2864	Wihsel	Carl	Braunschweig	38100	1762	SPE	Leibcompany	(C), 11, 12, Winter Hill	02.02.1778
2865	Wihsel	Georg	Hannover	30159	1758	SPE	Capt. v. Plessen	11, 33	
2866	Witte	Jobst	Deligsen	31073	1738	GRE	Capt. v. Löhneisen	11, 33	

#	Surname	Given name	Place	ID	Year	Unit	Officer	Location	Date
2867	Wittekop	Martin	Wolfenbüttel	38304	1756	SPE	Capt. v. Dahlstierna	07, Montreal	08.10.1777
2868	Witters	Gottfried	Seesen	38723	1746	SPE	Capt. v. Lützow	11, 12a	23.06.1783
2869	**Witthun (KA)**	Friedrich	Hannover	30159	1740	3.Rec		**16, Canada**	25.06.1783
2870	Wittig	Ernst	**Harzburg**	38667	1759	BAR	Capt. Thomae	**16, Canada**	22.10.1777
2871	Witting	Christoph	Lochau	06184	1764	SPE	Major v. Ehrenkrook	(C), 11, 12, Kinderhook	01.08.1783
2872	Wittlacken	Heinrich	Lindhorst	31698	1755	BAR	Capt. v. Geusau	**16, Canada**	12.01.1777
2873	Wittmann	Thomas	Eichstedt		1766	BAR	Capt. v. Geusau	07, Trois Riviere	03.01.1777
2874	Wittneben	Johann	**Sierße**	38159	1750	GRE	Capt. v. Schieck	11, 33	19.01.1779
2875	Wittneben	Julius	**Sierße**	38159	1757	BAR	Capt. v. Geusau	07, St.Francois	18.12.1778
2876	Wittsteg	Stephan	Würzburgischen		1763	2.Rec		07b, Lac St.Pierre	25.02.1783
2877	Witz	Anton	Elsaß	F	1741	vRH	Obristlt. v. Ehrenkrook	(C), 11, 12	01.08.1783
2878	Witzel	Wilhelm	Altona	39130	1760	1.Rec		07, Canada	03.12.1778
2879	Witzel	Christoph	**Jerxheim**	38381	1728	vRH	Obristlt. v. Ehrenkrook	11, 33	23.04.1781
2880	Woberich	Johann	Starke		1745	4.Rec		**16, Canada**	19.09.1778
2881	**Wöhler (TB)**	Johann	**Seesen**	38723	1753	SPE	Capt. v. Lützow	(C), 11, 07, Cambridge	29.11.1778
2882	Wöhler	Christoph	Schliestedt	38170	1742	BAR	Capt. v. Geusau	11, 33	12.08.1778
2883	**Wöhlert (RMM)**	Hermann	**Braunschweig**	38100	1747	G.S.		07, New York	03.10.1777
2884	Wöhlert	Johann Heinrich	Aschersleben	06449	1752	2.Rec		07, Canada	31.07.1783
2885	Wölcke	Heinrich	Groß Elbe	38274	1747	GRE	Obristlt. v. Mengen	11, 12a	21.07.1778
2886	Wöllner	Heinrich	**Harzburg**	38667	1738	GRE	Capt. v. Bärtling	07, Trois Riviere	08.02.1778
2887	Woltge	Heinrich	**Braunschweig**	38100	1733	GRE	Capt. v. Bärtling	(C), 11, 07, Cambridge	05.11.1776
2888	**Wöniger (KSR)**	Johann	Erlangen	91052	1763	BAR	Capt. v. Geusau	07, Freeman's Farm	13.05.1778
2889	**Wolf (CS)**		**Braunschweig**	38100		G.S.		**16, Canada**	21.12.1776
2890	**Wolf (SG)**	Heinrich	Magdeburg	39104	1731	RIE	Capt. v. Pöllnitz	(C), 11, 07, Cambridge	26.06.1783
2891	Wolf	Christian	**Braunschweig**	38100	1756	SPE	Major v. Ehrenkrook	11, 33	25.06.1783
2892	Wolf	Christian	Cassel		1725	SPE	Capt. v. Plessen	07, Canada	
2893	Wolf	Eberhard	Weilsen		1761	BAR	Jägercompany	07, Chambly	
2894	Wolf	Johann Ludewig	Steinbrunn	F	1763	BAR	Capt. Thomae	(C), 11, 12, Winter Hill	
2895	Wolf	Johann	Wallbach	79713	1751	BAR	Capt. v. Geusau	07, Montreal	
2896	Wolf	Michael	Burtau		1756	3.Rec		**16, Canada**	
2897	Wolf	Ludewig	Osterode	38835	1744	4.Rec		**16, Canada**	

2898	Wolfharth	Johann	Vollmershausen	97070	1757	BAR	Capt. Thomae	11, 33	
2899	Wolfhert	Sebastian	Würzburg		1758	2.Rec		16, Canada	29.07.1783
2900	Wollmann	Anton	Prag	CSR	1751	1.Rec		16, Canada	29.06.1783
2901	Wollks	Bernhard	Lobenstein	07356	1754	GRE	Capt. v. Löhneisen	16, Canada	17.06.1783
2902	Woltemate	Friedrich	Keyer		1755	BAR	Jägercompany	11, 33	
2903	Wolter	Gottfried	Rothausen		1748	RIE	Capt. v. Pöllnitz	(C), 11, 07, Cambridge	03.12.1777
2904	Wolters (TB)	Conrad	Braunschweig	38100	1756	SPE	Capt. v. Lützow	34	
2905	Wolters	Andreas	Watenbüttel	38112	1741	RIE	Leibcompany	11, 33	
2906	Wolters	Christian	Sellin		1752	RIE	Obrist von Speth	34	
2907	Wolters	Peter	Gadenstedt	31246	1753	BAR	Capt. Dommes	11, 33	
2908	Wolz	Emanuel	*Mainzischen*		1754	BAR	Capt. v. Geusau	16, Canada	01.08.1783
2909	Wrede	Carl Simon	Braunschweig	38100	1759	vRH	Leibcompany	(C), 11, 12, Winchester	03.02.1781
2910	Wrede	Georg	Oelper	38100	1763	RIE	Capt. v. Pöllnitz	(C), 11, 12, Winter Hill	01.12.1777
2911	Wrede	Heinrich	Wolfenbüttel	38304	1762	RUE	Capt. v. Pöllnitz	11, 33	
2912	Wrede	Heinrich	Thune	38110	1761	SPE	Leibcompany	07, Carillion	06.07.1777
2913	Würfel	Johann Michael	Heiligenkreuz	06618	1761	4.Rec		16, Canada	25.06.183
2914	Wüster (KA)	Franz	Hamburg	20095	1762	SPE	Capt. v. Dahlstierna	07, St.Sulpice, Cdn	23.03.1778
2915	Wunderlich	Heinrich	Beyerstedt		1757	vRH	Obristlt. v. Ehrenkrook	07, Canada	17.09.1777
2916	Wunderlich	Heinrich	Dahlum	38170	1742	vRH	Capt. v. Schlagenteufel	07, Canada	14.10.1777
2917	Wunderling	Heinrich	Gevensleben	38284	1746	GRE	Capt. v. Bärtling	34	
2918	Wunstort	August	Lichtenberg	38226	1741	RIE	Leibcompany	11, 12a	
2919	Wurg	Ernst	Bahlenstedt		1757	DRA	Major v. Meibom.	11, 33	
2920	Wute	Michael	Schönau	09116	1757	6.Rec		12, Canada	14.04.1783
2921	Zeh	Peter	*Hessen-Hanau*		1736	BAR	Capt. v. Geusau	11, 07, Albany	29.10.1777
2922	Zehnert	Paul	Fürth	90766	1760	1.Rec		16, Canada	25.06.1783
2923	Zengel	Jacob	Weißenfels	06667	1744	2.Rec		07, 23	10.09.1778
2924	Zense	Franz	Watenstedt	38226	1753	DRA	Generalmaj.v. Riedesel	11, Philadelphia	21.09.1776
2925	Zeunert	Heinrich	Lautenthal	38685	1753	RIE	Capt. Morgenstern	07, Ile aux Noix, Cdn	29.07.1783
2926	Zick	Christoph	Dollberg	31311	1759	3.Rec		16, Canada	29.07.1783
2927	Ziegeler	Andreas	Magdeburg	39104	1756	PFR	Capt. v. Tunderfeld	16, Canada	29.07.1783
2928	Ziegenstiel	Georg	Markilefeld		1760	3.Rec		16, Canada	27.07.1783

No.	Surname	Given name	Place	ID	Year	Unit	Company	Location	Date
2929	Ziegenbein	Andreas	Langelsheim	38685	1728	GRE	Obristlt. v. Mengen	07	
2930	Ziegeling	Conrad	Thiede	38239	1732	PFR	Obristlt. Praetorius	07, St.Charles	09.10.1780
2931	Ziernau	Ernst	Dendorf	38116	1749	GRE	Capt. v. Löhneisen	11, 12a	
2932	Ziermann	Johann Heinrich	Greifenthal	35630	1755	2.Rec		16, Canada	18.07.1783
2933	Zimmerheckel	Johann	Wittingen	29378	1761	SPE	Capt. v. Plessen	(C), 11, 12, Winter Hill	07.05.1778
2934	Zimmermann (TB	Ludewig	Wolfenbüttel	38304	1761	RIE	Leibcompany	12, New York	26.11.1779
2935	Zimmermann	Johann Andreas	Appenrode	99768	1761	vRH	Leibcompany	(C), 11, 12, Winter Hill	05.05.1778
2936	Zimmermann	Peter	Kl. Twülpstedt	38464	1750	RIE	Capt. v. Pöllnitz	11, 33	
2937	Zimmermann	Gottlieb	Marburg	35039	1756	RIE	Capt. Morgenstern	06, Freeman's Farm	07.10.1777
2938	Zimmermann	Johann Adam	Winklingen		1760	BAR	Leibcompany	(C), 11, 12, Virginia	08.01.1779
2939	Zimmermann	Gottfried	Urbach		1753	2.Rec		16, Canada	11.10.1778
2940	Zimpfer	Jacob			1752	3.Rec		12, Canada	27.06.1783
2941	Zinck	Friedrich	Frankfurt a. M.	60311	1753	BAR	Capt. v. Geusau	(C), 11, 12, Cambridge	12.11.1778
2942	Zippling	Heinrich	Seesen	38723	1759	RIE	Obrist von Speth	(C), 11, 12	26.12.1778
2943	Zips	Valentin	Thalcken		1765	GRE	Capt. v. Bärtling	12, Canada	28.02.1776
2944	Zitzmann	Johann	Hoyen?		1743	2.Rec		07, Canada	20.12.1781
2945	Zöllecke (KA)	Christoph	Esbeck	38364	1743	vRH	Capt. Alers	34	
2946	Zöllner	Johann	Lausitz		1750	2.Rec		07, 23	20.08.1778
2947	Zöringer	Jacob	Herlisheim	F	1734	GRE	Capt. v. Schieck	11, 34	
2948	Zohmert (TB)	Conrad	Mühlhausen	99974	1763	1.Rec		07, St.Charles, Cdn	31.10.1780
2949	Zollinger	Adam	Homburg		1759	BAR	Capt. Dommes	16, Canada	23.07.1783
2950	Zopf	Heinrich	Schwarzburgischen		1733	RIE	Capt. Morgenstern	11, 07, Virginia	14.08.1779
2951	Zufall	Christoph	Seesen	38723	1755	RIE	Leibcompany	(C), 11, 12, Nobleton	24.10.1777
2952	Zypriak	Heinrich	Einbeck	37574	1759	BAR	Capt. Thomae	16, Canada	23.07.1783

* No. 1002 Friedrich Philipp Heidenbach was, at LaPrairie, sentenced by military court to run the gauntlet. Running the gauntlet resulted in most cases with the death of the soldier.

www.ingramcontent.com/pod-product-compliance
Lightning Source LLC
Chambersburg PA
CBHW080251170426
43192CB00014BA/2642